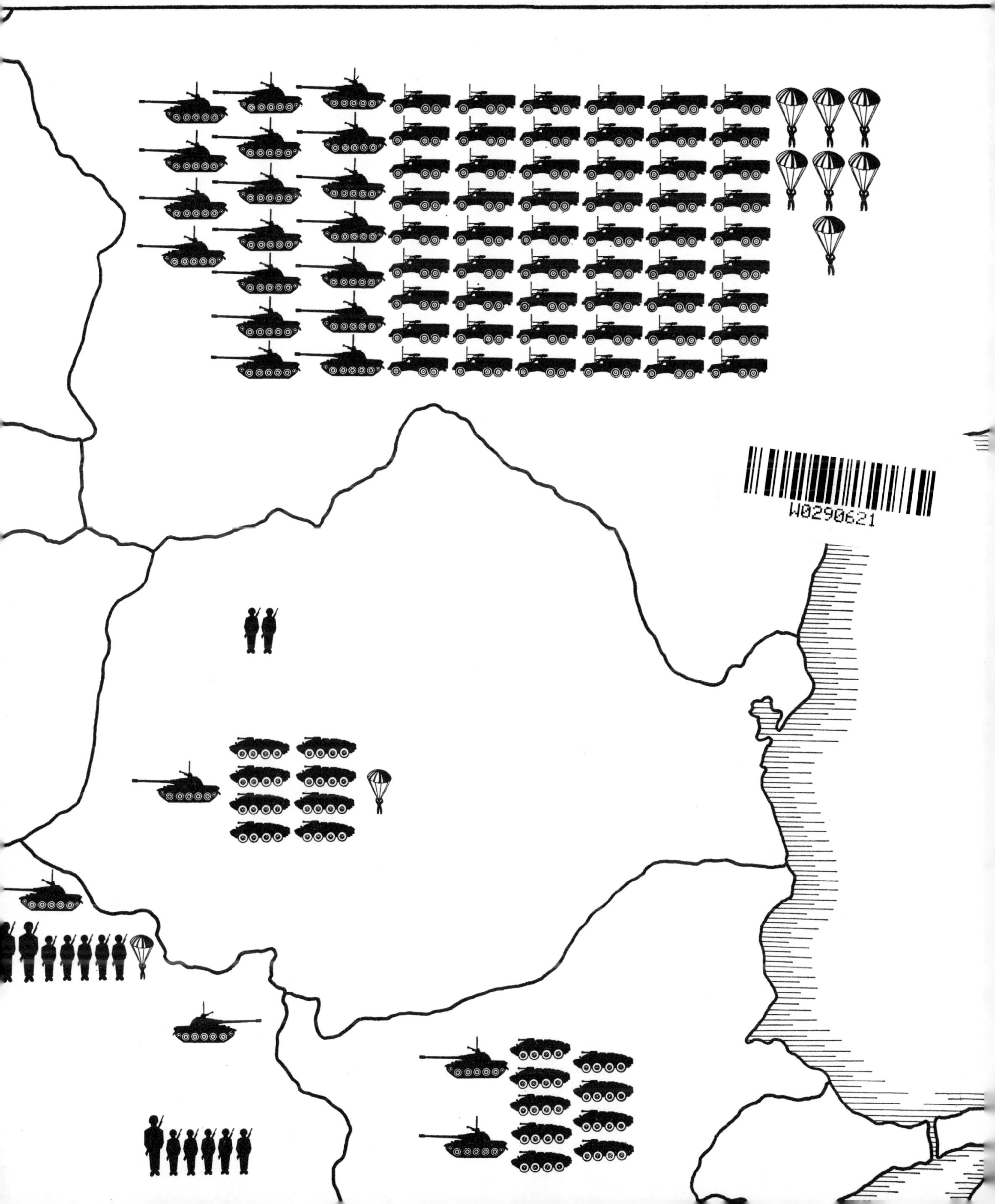

WIENER SOLDATEN IM OSTBLOCK

FRIEDRICH WIENER

SOLDATEN IM OSTBLOCK

J. F. LEHMANNS VERLAG
MÜNCHEN

ISBN 3 469 00380 7

SATZ UND DRUCK: ISAR-POST, LANDSHUT
EINBAND: GRIMM & BLEICHER, MÜNCHEN
PRINTED IN GERMANY

INHALT

Skizzen im Textteil

Vorwort

Das Bild des Soldaten im Ostblock ist in Mitteleuropa durch das Erlebnis der beiden Weltkriege geprägt. So wenig sich aber die Rote Armee von 1941 mit dem kaiserlich-russischen Heer von 1914/18 vergleichen ließ, ebensowenig entspricht der Sowjetsoldat von heute dem Rotarmisten der Kriegsjahre. In den kleineren Ostblockstaaten hat sich ein ähnlicher Wandel vollzogen. Er wurde einerseits verstärkt durch die radikale Änderung der Gesellschaftsordnung, andererseits aber gehemmt durch den nationalen Selbstbehauptungswillen und den latent vorhandenen Widerstand gegen den Kommunismus.

Dieser Band macht deshalb den Versuch, das Bild des heutigen Soldaten und das Leben in den Streitkräften des Ostblocks zu zeigen. Die Auswahl beschränkt sich auf die Landstreitkräfte und die mit ihnen zusammenarbeitenden taktischen Luftstreitkräfte.

Das Handeln des Menschen im Osten Europas wird, weit mehr als im Westen, von seinen durch viele Generationen geformten Anlagen bestimmt. Es ist daher erforderlich, die Bildseiten mit einer kurzen Untersuchung über die »Mentalität des sowjetischen Soldaten« einzuleiten.

Was heute in Osteuropa geschieht, vermögen Bilder allein nicht darzustellen. Im Anhang werden deshalb die gegenwärtigen Verhältnisse des politischen und menschlichen Alltags im Ostblock, soweit sie auf die Streitkräfte Bezug haben, skizziert. Dabei wird auf Organisation, Kriegsbild, Führungs- und Kampfgrundsätze sowie auf Bewaffnung und Ausrüstung nicht näher eingegangen. Umfassende Angaben darüber sind in den Taschenbüchern »Die Armeen der Warschauer-Pakt-Staaten« und »Die Armeen der neutralen und blockfreien Staaten Europas« zu finden.

Für Rat und tatkräftige Unterstützung habe ich vor allem Major a. D. Theodor Fuchs, Professor Dr. Walter Hummelberger, Dr. Dr. Nikolaus Krivinyi und Robert Spiering zu danken, ebenso der ›Studiengruppe Südost‹, die den Anhang beigestellt hat. Die Skizzen hat Oberleutnant d. Res. Franz Gruber gezeichnet.

Friedrich Wiener

Die Mentalität des sowjetischen Soldaten

Wenn frei von persönlichen, an den Augenblick, an gewisse Lagen und an eine bestimmte Zeitspanne gebundenen Eindrücken etwas Bindendes über die Mentalität der Soldaten eines Volkes ausgesagt werden soll, so ist es notwendig, zunächst einmal das Wesen des Volkes zu erfassen, dem dieser Soldat angehört.

Es wird hier bewußt vom Volk gesprochen und nicht vom juristisch-abstrakten Begriff der Nation, die nach Jean-Jacques Rousseau durch Erziehung entsteht. Das Volk ist dagegen das natürlich Gewachsene, eine durch Sprache und Abstammung zusammengeschlossene Kulturgemeinschaft, die als der Träger des objektiven Geistes gilt. Dieser objektive Geist ist das, was über ein Volk ausgesagt werden kann. Er ist die Gesamtheit der möglichen Prädikate zum Subjekt Volk und tritt im gemeinsamen geistigen Besitz in Erscheinung. Dieser gemeinsame, überindividuelle Besitz der Erscheinungen des objektiven Geistes wird seit Herder richtig als Volksgeist erkannt und unterscheidet sich scharf von dem, was durch J.-J. Rousseaus Erziehungsziel auf abstrakter Basis entsteht.

Diesen *Volksgeist* gilt es zunächst einmal zu erfassen, denn der Soldat ist nichts als ein Teil seines Volkes. Natürlich kann nicht ein einzelner Angehöriger eines Volkes als alleiniger Maßstab für alle gelten, da sich die Angehörigen eines Volkes durch individuell verschiedene Anlagen unterscheiden. Es muß also zunächst ein Mittel gefunden werden, um diesen Volksgeist begreifen zu können. Dies ist beim Staatsvolk der Sowjetunion besonders schwierig, da sich darin mehr als 60 Völker zusammenfinden. Doch besitzen das großrussische Volk und das ihm ganz eng verwandte ukrainische eine so ausschließliche Führungsrolle innerhalb dieser Völkergemeinschaft, daß sie ihren Stempel mehr oder weniger auch allen anderen Völkern der Sowjetunion mit oder ohne Gewaltanwendung aufgeprägt haben. Es ist daher durchaus zulässig, bei einer Untersuchung der Mentalität des sowjetischen Soldaten nur die des beherrschenden großrussischen Volkes zu berücksichtigen.

Den wichtigsten Schlüssel zum Erfassen des Volksgeistes bildet die Sprache (Nic. Hartmann: »Das Problem des geistigen Seins«, 1933). Sie ist das umfassendste und differenzierteste Ausdrucksmittel des Menschen, zugleich die höchste Erscheinung des objektiven Geistes. Das Wort verbindet Gegenstand und Bewußtsein. Ohne das Wort könnte die Vorstellung nicht zum Zeichen für das werden, was gemeint ist. In dieser Funktion des Trennens und Verbindens liegt der Quell für die unendliche Wirkung der Sprache auf das Denken. So wird die Sprache als objektiver Geist zum Leib des personalen Geistes. Weil aber unser Denken uns nur im Gewande und in der Form der Sprache bewußt werden kann, fassen wir die Welt nach der Seinsart unserer Sprache auf. So wie die Sprache den Leib vergeistigt, durchgeistigt sie auch die Wirklichkeit. Das Wort ist das Gefäß unseres Geistes, aus dem wir ihn über die Welt ausgießen. Damit verleihen wir allem einen Sinn: den Wert und die Bedeutung, die eine Sache oder ein Erlebnis für uns besitzt. Dieser Sinn gehört aber nicht wie das Wesen zur Sache selbst, sondern er wird ihr vom Menschen oder besser vom Volk zugelegt, so daß eine Sache für das eine Volk sinnvoll, für das andere aber sinnlos sein kann. Durch das Wort wird der Gegenstand geistig verfügbar und zu etwas unserer Erkenntnis Gegebenem. Es ist das aussprechbare Wesen eines Gegenstandes. Weiter spiegelt die Sprache die Sozialgeschichte eines Volkes wider. Ihr Wortschatz zeigt an, *was* ein Volk denkt, ihre Syntax, *wie* es denkt, also den Denkraum oder die Gesamtheit der Denkmöglichkeiten eines Volkes. Die Sprache ist damit die Gesamtheit der abgeschlossenen geistigen Schöpfungen eines Volkes und charakterisiert es am besten.

So ist es unerläßlich, die Sprache des russischen Volkes näher zu untersuchen. Daß diese Untersuchung nicht erschöpfend sein kann, versteht sich für eine solche kurze Arbeit von selbst. Es sollen daher nur die auffälligsten Merkmale herausgegriffen werden.

Hier fällt zunächst einmal die geringe Rolle auf, die das Verbum »sein« spielt. Dies ist ein Hinweis darauf, daß das Seinsproblem und vor allem das Problem der Realität sich dem russischen Volke noch nicht in *der* Schärfe stellt wie den germanisch-romanischen Völkern. Das Sein ist hier wie in den alten Sprachen noch nicht zu einem echten metaphysischen Problem geworden. Die Frage, was es bedeutet, daß ein vor Augen stehendes oder ein als gewußt vorhandenes Ding »ist«, stellt sich noch nicht in vollem Umfang. Die Gegenstände der Metaphysik wie Sein, Nichts, Freiheit, Unsterblichkeit, Gott, Leben, Kraft, Materie, Wahrheit, Seele, Werden, Weltgeist und Natur werden als selbstverständlich hingenommen, aber die Frage nach ihrer Bedeutung wird nicht allgemein gestellt. So erklärt sich zum Beispiel die so oft von deutschen Soldaten beobachtete »Stumpfheit« und »Gleichgültigkeit« des russischen Soldaten im Angesicht des Todes, seine animalisch anmutende Ergebenheit in das für ihn unvermeidlich erscheinende Schicksal, aber auch der plötzliche Wechsel zwischen unvermutetem Mitleid, tiefstem Mitempfinden und völliger Gleichgültigkeit gegenüber dem schwerverwundeten eigenen Kameraden. Auch das instinktmäßige, haltlose Klagen russischer Frauen beim Empfang der Todesnachricht nächster Blutsverwandter und die erstaunlich ruhige Hinnahme der Nachricht vom Tode des Ehemannes, die so vielen deutschen Soldaten rätselhaft erschienen, finden hier ihre Erklärung. *Andererseits muß sich auch der Westen darüber im klaren sein, daß unser Begriff von der Freiheit der Persönlichkeit vom Russen noch gar nicht voll erfaßt werden kann,* weil er innerhalb seines

Denkraumes die Frage hiernach nicht allgemein stellt. Hier spielt der Begriff des altslawischen »mir« — der »Welt«, »Friede« und etwa »Dorfgemeinschaft« bedeutet — eine wichtige Rolle. Die Einrichtung des »mir« im Sinne der Dorfgemeinschaft wurde erst anfangs dieses Jahrhunderts abgeschafft. In ihm durften nur einstimmige Entschlüsse gefaßt werden, sonst waren sie ungültig. Hier finden wir die Gründe dafür, daß es dem Russen als natürlich erscheint, wenn Wahlen mit einstimmigen Ergebnissen enden und die Volksvertretung vor allem Trägerin der Exekutivgewalt, weniger der Legislative ist, wobei sie als »unmittelbare Demokratie« aus der gesamten Volksgemeinschaft hervorgegangen sein und von ihr getragen werden soll. *Der Opponierende verliert allmählich seine Stützen in der Volksversammlung und geht damit all seiner Rechte verlustig.* Er gerät in den Machtbezirk der Kollektivkörperschaft, die ihn schließlich zermalmt. Nach diesen Anschauungen sind erst die hier angesprochenen Verhältnisse und Dinge im sowjetischen und in der marxistisch-leninistischen Ideologie verständlich. Die auf den Rationalismus gegründeten westlichen Anschauungen der Demokratie sind von dieser Auffassung meilenweit entfernt, ja sie sind dem Russen zum größten Teil unverständlich.

Die geringe Verwendung des Verbums »sein« oder gar sein völliges Fehlen als Kopula im Russischen deutet auf ein noch nicht voll ausgeprägtes Urteilsvermögen im logischen Sinne hin, denn das Urteil ist ein Akt des Bejahens oder Verneinens, in dem zwei Begriffe in Beziehung zueinander gesetzt werden. Im Urteil bezieht das Denken einen Begriff auf einen Gegenstand und setzt mitsamt den Prädikaten diesen gleich durch die Kopula »ist«. Das Fehlen der Kopula zeigt also auch eine unvollkommene Reife des Denkens auf, weil nur durch die Kopula die absolute Geltung eines behaupteten Sachverhaltes festgestellt wird. *Sie schließt ein »Möglich« aus.* Gerade dieses geringe Urteilsvermögen der Masse des russischen Volkes schafft aber die Voraussetzung für die Wirksamkeit der bolschewistischen Propaganda.

Ein weiterer, stark auffallender Charakterzug der russischen Sprache besteht darin, daß sie *im Vergleich zu den germanischen und romanischen Sprachen viel weniger differenzierte Zeitformen besitzt.* Echte Formen des Verbums sind im Grunde genommen nur für das Präsens vorhanden. Zum Ausdrücken des Futurums dient entweder die präsentische Form oder das Futurum des Hilfszeitwortes »sein« mit Infinitiv, je nachdem, unter welchem Aspekt die Zukunft angesehen wird. Diese Futurform stammt aber nicht von der indogermanischen Wurzel »es« (= ist), sondern von der indogermanischen Wurzel »bheu« (wachsen, werden) ab. Hier weist das Russische eine bemerkenswerte Ähnlichkeit mit dem Deutschen auf. Die Zukunft wird bei Benutzung der präsentischen Form so lebendig und beim Gebrauch des Hilfszeitwortes so unausweichlich empfunden wie die Gegenwart. Die Unterschiede zwischen Gegenwart und Zukunft verwischen sich besonders stark beim Gebrauch der Präsensform des Verbums. Sie wird damit als etwas empfunden, was ohne unser aktives Wollen entsteht und uns wie im Schlafe gegeben wird. Daß sie sich unausweichlich aus der Gegenwart ergibt, wird grade durch die Futurform des Hilfsverbums »sein«, also durch indogermanisch »bheu = wachsen, werden« ausgedrückt. *Hier aber findet sich wieder ein Ansatzpunkt für die sowjetische Propaganda dem eigenen, zukunftsgläubigen Volke gegenüber, das ungedeckte Wechsel auf die Zukunft durch sein mangelndes Urteilsvermögen in der Masse kritiklos hinnimmt und in fast mystischer Verzückung daran glaubt.* Ebenso liegt hierin der fast ausnahmslos mystisch-utopische Charakter der vorbolschewistischen russischen Philosophie, bis sie in der toten Auslegung des Leninismus der Jetztzeit erstarrte.

Für die Vergangenheit besitzt das Russische überhaupt keine echte Verbalform, sondern ein ursprüngliches Partizipium, das wie ein Nomen nicht Verbal-, sondern Genusendungen besitzt. Es handelt sich dabei um ein ehemaliges Verbaladjektiv. Bei einer Gegenüberstellung der drei wichtigsten Wortklassen — Substantiv, Adjektiv und Verbum — ist zweifellos das Substantiv dem Bereich des intellektuellen Denkens, das Adjektiv dem Fühlen und das Verbum dem Wollen zugeordnet. *Das bedeutet aber, daß der Russe die Vergangenheit vor allem seinem träumenden Fühlen zuordnet und nicht seinem aktiven Wollen verbindet.* Sie ist ihm also mehr in der Art des Märchens und der Sage bewußt als im Bewußtsein des tätig Geschehenen aus dem gültige Lehren und Schlußfolgerungen denkend erarbeitet werden können. Die Passivität des russischen Wesens, welche die Vergangenheit träumend und die Zukunft gläubig kommend erfaßt, findet hier eine ihrer Wurzeln. Aktivität entfaltet sich fast ausschließlich im Hinblick auf die Bedürfnisse des Augenblicks.

Auch der russische Wortschatz zeigt durch seinen Reichtum an Adjektiven das *Überwiegen des traumhaften Empfindens.* Die Aufgeschlossenheit der Russen allem Künstlerischen gegenüber und ihre Hinneigung zur Mystik, und sei es eine Mystik des Bolschewismus, finden hierin ihre Erklärung. Tödlich wirkt daher das Gift der bolschewistischen Ideologie und ihrer Propaganda, das von dem abstrakt denkenden Nichtrussen Lenin — hier wird wiederum die Volkszugehörigkeit, nicht die Nationalität angesprochen — in die russische Seele eingeträufelt worden ist. Sein sich abstrakt, im häufigen Gebrauch des Substantivs bewegender Stil, der mit seiner habituellen Steifheit von der gesamten Presse und seinen Epigonen nachgeahmt wird, bringt nicht mehr das Geistig-Seelische des Redenden oder Schreibenden, sondern will nur noch dem intellektuellen Verständnis des Publikums dienen. Allerdings wird dabei der Intellekt so scharf angesprochen, daß ein Teil wie beim Amts- und Juristendeutsch, das sich ebenfalls durch seine Seelenlosigkeit auszeichnet, nur nach längerem Zerpflücken verstanden werden kann. *Außerdem wurde so ein Zwiespalt in die Generationen gebracht, daß die ältere, noch in der Sprache des vorbolschewistischen Rußland lebende Generation die jüngere manchmal nicht versteht und die letztere verächtlich vom »Popenrussisch« der älteren spricht.* So wurde ein in seinem Urteilsvermögen noch unreifes und vor allem auch in seiner geschichtlichen Entwicklung ohne das Hochmittelalter und den Humanismus der germanisch-romanischen Völker dastehendes Volk plötzlich in die kalte Welt eines vergifteten Rationalismus gestoßen, ohne daß es die Möglichkeit zu humanistischer und humanitärer Reife und zur Entwicklung des Ich, die doch gerade durch den Humanismus möglich wurde, gehabt hätte. Die daraus entstehenden Konfliktstoffe liegen auf der Hand.

Damit werden zwei außerhalb der Sprache liegende Faktoren berührt, die für die Mentalität und die Haltung des sowjetischen Soldaten von großer Bedeutung sind: *das Fehlen des Hochmittelalters und das Nichterleben von Humanismus, Renaissance und Reformation im geschichtlichen Werden des russischen Volkes.* Das Rittertum des germanisch-romanischen Mittelalters gab dem westlichen Soldaten zu den primitiven Kriegertugenden die Ideale, welche sein Bild zum edlen Vorbild junger Menschen als den sich zum Schutz Wehrloser Opfernden machen. Humanismus, Renaissance und Reformation erweckten in den germanisch-romanischen Völkern das Ich-Bewußtsein und gaben dem Einzelmenschen zusammen mit dem Christentum das Wissen vom Wert und von der Würde nicht der Masse oder des Kollektivs, sondern seiner eigenen freien Persönlichkeit. Diese Entwicklungsstufen fehlen aber dem russischen Volk und damit dem russischen Soldaten. Statt der im Christentum geläuterten Ritterlichkeit wird ihm der primitive Haß gegen den Feind gepredigt, und an Stelle seines persönlichen menschlichen Seins steht das Leben des Kollektivs und der Masse.

Auf der anderen Seite haben sich die Zeit der Mongolenherrschaft und die weit länger als in anderen europäischen Ländern andauernde Leibeigenschaft zusammen mit *dem gefühlsbetonten Wesen* des russischen Volkes dahin ausgewirkt, daß der russische Soldat Befehlen *»stur«* gehorcht, bisweilen leicht zu beeinflussen ist und der Wirkung massenhypnotischer Mittel verhältnismäßig stark unterliegt.

Theodor Fuchs

Das Bild des Soldaten

Marschall der Sowjetunion Andrej A. Gretschko bei seiner Rede vor dem XXIV. Parteitag der Kommunistischen Partei der Sowjetunion im März 1971.

Sowjetmarschall Gretschko, als Sohn von Bauern 1903 in der Ukraine geboren, trat 1919 noch vor dem Abschluß seiner Schulbildung in die Rote Armee ein und nahm am Bürgerkrieg teil. Seit 1928 ist er Mitglied der Kommunistischen Partei der Sowjetunion. Er besuchte die Frunse-Militärakademie und die sowjetische Generalstabsakademie.

Im russisch-finnischen Winterkrieg von 1939/40 führte Andrej A. Gretschko ein Schützenregiment und diente später als G 3 in einem Korpsstab. Bei Beginn des deutsch-russischen Krieges im Juni 1941 war Gretschko Kommandeur einer Kavalleriedivision, später eines Kavalleriekorps. 1942 wurde er zum Generalmajor befördert. 1943 übernahm er den Oberbefehl über die 47. Armee an der Schwarzmeerküste. Im Herbst 1943 befehligte er bereits als Generaloberst die 1. Garde-Armee in den schweren Kämpfen bei Kiew und Shitomir. Im März 1944 steht Gretschkos Armee bei Schepetowka, Proskurow und Tarnopol. Am 16. Juli 1944 greift die 1. Garde-Armee im Raum Brody an. Im Herbst 1944 kämpft der Generaloberst in den Karpaten und in der Slowakei.

Nach Kriegsende wird Andrej A. Gretschko Befehlshaber im Militärbezirk Kiew. 1953 ist er Oberbefehlshaber der sowjetischen Truppen in Ostdeutschland und wird für das Niederschlagen des Volksaufstandes vom 17. Juni 1953 mit dem ostdeutschen (!) ›Verdienstorden in Gold der DDR‹ ausgezeichnet. Der Beförderung zum Armeegeneral im Jahre 1954 folgt 1955 jene zum Marschall der Sowjetunion. Im Herbst 1957 wird Gretschko Oberbefehlshaber der sowjetischen Landstreitkräfte, 1957 Erster Stellvertretender Verteidigungsminister. 1960 übernimmt er den Oberbefehl über die Streitkräfte des Warschauer Paktes. 1961 kommt Marschall Gretschko als Vollmitglied in das Zentralkomitee der KPdSU. Seit April 1967 ist er als Nachfolger von Marschall Malinowski Verteidigungsminister der Sowjetunion.

Im September 1971 löste der 50jährige Armeegeneral Viktor G. Kulikow den 73jährigen Marschall der Sowjetunion Matwei V. Sacharow († Januar 1972) als Generalstabschef der Sowjetarmee ab.
Kulikow wurde 1921 als Sohn eines Bauern geboren. Mit 17 Jahren trat er als Panzersoldat in die Rote Armee ein und nahm bereits am Winterkrieg gegen Finnland teil. Den Beginn des deutsch-russischen Krieges erlebte Kulikow 1941 in der Ukraine. 1942 war er einer der wenigen Rotarmisten, die aus dem deutschen Kessel im Raum Charkow ausbrechen konnten. Der 1942 zum Oberleutnant beförderte und im Laufe des Krieges sechsmal verwundete Offizier wurde in den nächsten Jahren hauptsächlich im ›Aufklärungsdienst‹ verwendet. Seine Beförderung zum Generalmajor erfolgte erst 1964. 1969 übernahm Generaloberst Kulikow das Kommando über die ›Gruppe der sowjetischen Truppen in Deutschland‹ (GSTD).
Mit Armeegeneral Kulikow, der Mitglied des Zentralkomitees der KPdSU und Abgeordneter des Obersten Sowjets ist, beginnt eine neue Generation sowjetischer Generale in höchste Führungsstellen aufzurücken.

Armeegeneral Viktor G. Kulikow
Erster Stellvertretender Verteidigungsminister
und Generalstabschef der Sowjetarmee

Marschall der Sowjetunion I. I. Jakubowski
Erster Stellvertretender Verteidigungsminister
und Oberbefehlshaber des Warschauer Paktes

Armeegeneral A. A. Jepischew
Chef der Politischen Hauptverwaltung von Armee
und Flotte

Marschall der Sowjetunion N. J. Krylow
Stellvertretender Verteidigungsminister der Sowjetunion und Oberbefehlshaber der Strategischen Raketentruppen († 1972)

Armeegeneral I. G. Pawlowski
Stellvertretender Verteidigungsminister der Sowjetunion und Oberbefehlshaber der Landstreitkräfte

Luftmarschall P. S. Kutachow
Stellvertretender Verteidigungsminister der Sowjetunion und Oberbefehlshaber der Luftstreitkräfte

Marschall der Sowjetunion P. F. Batitzki
Stellvertretender Verteidigungsminister der Sowjetunion und Oberbefehlshaber der Luftverteidigung

Ostdeutschland: Armeegeneral Heinz Hoffmann mit dem ›Vorsitzenden des Staatsrates‹ Walter Ulbricht und dem Marschall der Sowjetunion Iwan I. Jakubowski, dem Oberbefehlshaber der Streitkräfte des Warschauer Paktes, beim Manöver ›Waffenbrüderschaft‹ im Oktober 1970.

Armeegeneral Hoffmann wurde 1910 als Sohn eines Arbeiters und KPD-Mitgliedes geboren. Er stellt das Musterbeispiel eines kommunistischen Berufssoldaten mit makelloser proletarischer Vergangenheit dar. 1926 trat er dem Jugendverband der Kommunistischen Partei Deutschlands bei und emigrierte 1935 in die Sowjetunion, wo seine militärischen Fähigkeiten sofort erkannt wurden. Nach dem Besuch der Frunse-Akademie nahm er als Politkommissar und Bataillonskommandeur in der 11. Internationalen Brigade am Spanischen Bürgerkrieg teil. Im Zweiten Weltkrieg kämpft er auf seiten der Roten Armee gegen die Deutsche Wehrmacht. Der Bruderkrieg ›Deutsche gegen Deutsche‹ ist ihm somit vertraut. Nach 1945 ist er als Funktionär der Sozialistischen Einheitspartei Deutschlands (SED) und später in der ›Kasernierten Volkspolizei‹ tätig. 1961 übernimmt er das ostdeutsche Verteidigungsministerium und damit auch die Führung der Nationalen Volksarmee. Die hervorstechendsten Eigenschaften des ›Arbeitergenerals‹ sind Sachkenntnis, Rednergabe, Unbeugsamkeit und Leidenschaftlichkeit. Er hat die wesentlichen Züge der NVA am stärksten geprägt. Armeegeneral Hoffmann gehört dem Zentralkomitee der SED an. Es ist sehr wahrscheinlich, daß der Sowjetoffizier Heinz Hoffmann auch heute noch die sowjetische Staatsbürgerschaft besitzt.

Generale des Warschauer Paktes beim Manöver ›Moldau‹ im September 1966 (v. l. n. r.): Der ungarische Verteidigungsminister, Generaloberst Lajos Czinege, ein ungarischer Major i. G. als Dolmetscher, der tschechoslowakische Verteidigungsminister, Armeegeneral Bohumír Lomský, und der Oberbefehlshaber des ungarischen Heeres, Generalmajor József Kálazi.

Offiziere und Soldaten des Warschauer Paktes beim Manöver ›Waffenbrüderschaft‹ im Oktober 1970: Auf dem wie üblich gestellten Gruppenbild sind zwei rumänische Stabsoffiziere, zwei polnische Matrosen sowie tschechoslowakische, ungarische und sowjetische Soldaten zu erkennen. Alle tragen an der rechten Brust das offizielle Manöverabzeichen.

Sowjetische Intervention in der Tschechoslowakei im August 1968: Ein sowjetischer MotSchütze auf Streife in den Straßen von Preßburg (links) und zwei Mann der Besatzung eines Schützenpanzers in Prag (unten).

Ein Sowjetsoldat bei einer Veranstaltung der Truppenbetreuung (rechts).

Prag, August 1968: Ein sowjetischer Panzersoldat (links) während der Intervention des Warschauer Paktes in der Tschechoslowakei. Die Debatten mit der sprachkundigen, den einrückenden Truppen feindselig gegenüberstehenden Bevölkerung bringen viele Sowjetsoldaten trotz der ideologischen Ausrichtung in schwere Gewissenskonflikte.

Ein Soldat der ostdeutschen Nationalen Volksarmee als Posten auf einem Bahnhof (rechts). Rumänische MotSchützen beim Vorbeimarsch in Bukarest am 23. August 1970 (unten).

POPULLIT

Albanische Soldaten, bewaffnet mit dem sowjetischen Selbstladekarabiner 7,62 mm SKS (Simonow) lesen gemeinsam eine Propagandaschrift (links). Das gestellte Foto ist ein Musterbeispiel für die offizielle Darstellung des Soldaten in allen Ostblockstaaten.

Jugoslawische Soldaten als Zuschauer bei einem Heeressportfest in Belgrad (rechts).

›Der alte Partisan‹: Ein Angehöriger der albanischen Territorialverteidigung, bewaffnet mit einem deutschen leichten Maschinengewehr 34 aus der Zeit des Zweiten Weltkrieges.

Der Alltag des Soldaten

Bedingt durch die Erfordernisse des militärischen Dienstes verläuft der Alltag des Soldaten im Osten Europas nicht wesentlich anders als im Westen. Lediglich die politische Beeinflussung des Soldaten wird zielstrebiger und wesentlich intensiver durchgeführt. Die Zeit, die dafür und für die zahlreichen Arbeitseinsätze aufgewendet wird, fehlt jedoch für die militärische Ausbildung. Der Ausbildungsstand ist daher sehr unterschiedlich.

Ostdeutsche Rekruten rücken in die Kaserne ein (oben); Einkleiden polnischer Rekruten (rechts).

Jugoslawische Rekruten beim Einrichten ihrer Unterkunft; der Stubenälteste, ein Unteroffizier (Korporal), hilft dabei (oben).

In den Stuben vieler sowjetischer Kasernen wird auch heute noch das Bett eines im Zweiten Weltkrieg gefallenen ›Helden der Sowjetunion‹, der damals dieser Einheit angehört hat, freigehalten. Beim Appell wird stets auch sein Name aufgerufen.

Vor der Erinnerungsstätte meldet ein Gefreiter als Unteroffizier vom Dienst — kenntlich an der Armbinde — dem Offizier vom Dienst. Auf der Schulterklappe sind die Buchstaben ›CA‹ (SA = Sowjet-Armee) zu erkennen. Am linken Oberarm trägt der Gefreite das Waffengattungsabzeichen der MotSchützen (rechte Seite oben).

Stolz zeigt ein junger Sowjetsoldat einem Kameraden den eben empfangenen Ausgehanzug (rechte Seite unten).

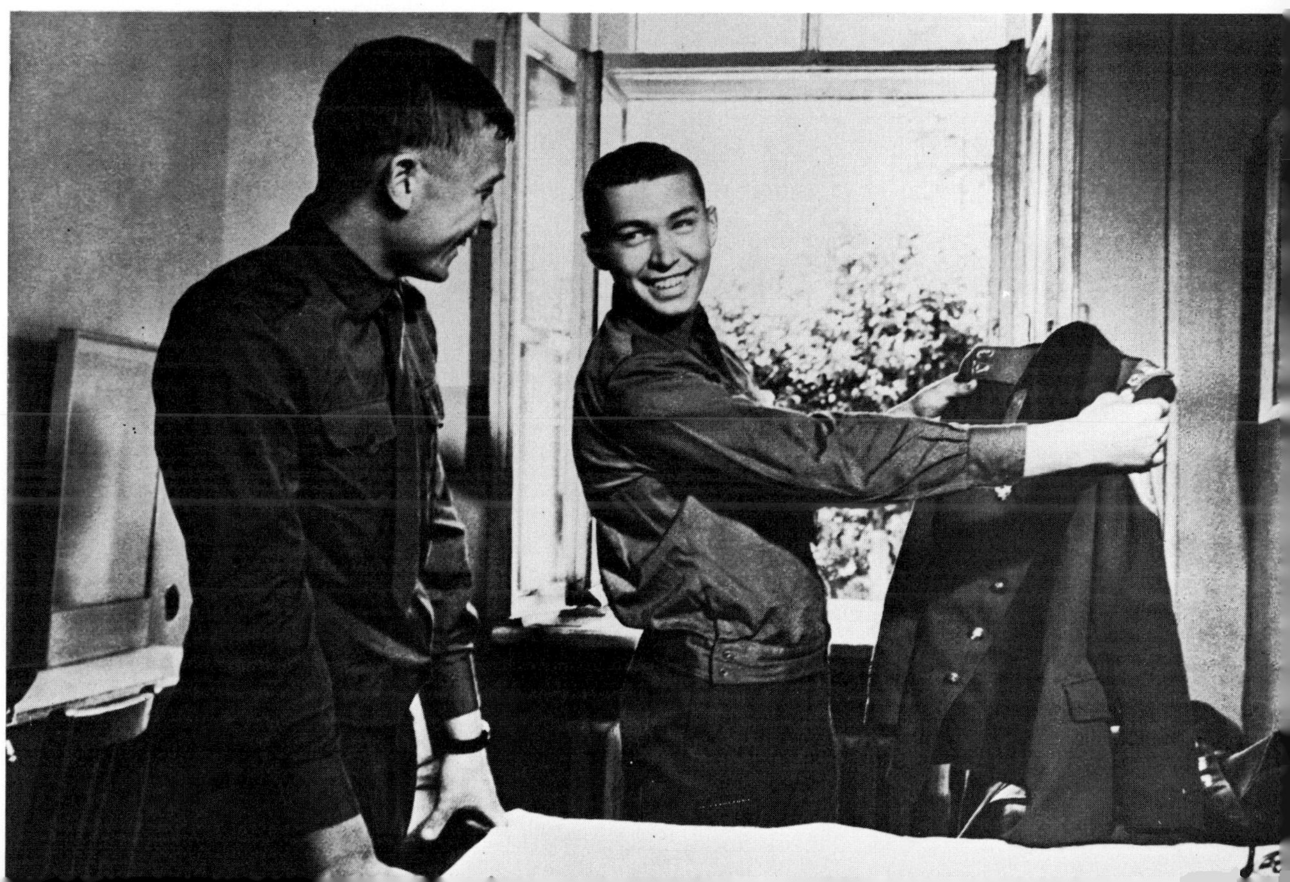

Waffenunterricht bei einer tschechoslowakischen Einheit: Ein Offizieranwärter erklärt das leichte Maschinengewehr M-52/57 (oben).

In einer polnischen Kaserne läßt der Stubenälteste, ein Gefreiter, die Handhabung des leichten Maschinengewehres RPD (Degtjarew) üben (unten).

Ein ungarischer Hauptmann beaufsichtigt das Auseinandernehmen und Zusammensetzen des Maschinenkarabiners AK-47 ›Kalaschnikow‹ (oben).

Rekrutenausbildung in Rumänien: Die ersten Schritte im Kasernenhof (unten).

In jeder Kaserne gibt es ein ›Lenin-Zimmer‹, das der politischen Erziehung der Soldaten dient. Der Polit-Offizier des Verbandes gibt an die Offiziere die Tagesparolen aus. Er bespricht mit ihnen die »einheitliche und zielstrebige Durchführung« des täglichen Polit-Unterrichtes (oben).

Auf die Polit-Ausbildung aller Soldaten wird in den Ostblock-Armeen größter Wert gelegt. Der Ausbildungsoffizier läßt eine Arbeit über die Tagesparolen in die ›Polithefte‹, die alle Soldaten zu führen haben, schreiben. Er überprüft dadurch Mitarbeit und Kenntnisse seiner Soldaten (unten).

Unterricht bei einer rumänischen Kompanie (oben) und bei einer ostdeutschen Einheit (unten).

Körperausbildung und Sport werden in den Armeen des Ostblocks auf breiter Basis betrieben. Über der Spitzenleistung Einzelner steht der meist gute Durchschnitt der Einheit.

Geräteturnen in einer rumänischen Kaserne (oben), Freiübungen auf dem Exerzierplatz einer sowjetischen Kaserne (oben rechts); auch auf dem Kasernenhof befindet sich ein Lenin-Plakat und Bilder von Mitgliedern des Zentralkomitees der Kommunistischen Partei der Sowjetunion.

Die Körperausbildung wird bei jedem Wetter und zu jeder Jahreszeit in gleicher Weise betrieben (links); Geländelauf bei einem Verband der Sowjetarmee (rechts unten).

49
27
46

Auf der Hindernisbahn in einer sowjetischen Kaserne (oben); albanische Soldaten üben das Überwinden von Hindernissen (rechts).

Waffenausbildung in der ungarischen Volksarmee: Zielübungen mit der sowjetischen Panzerfaust 40/82 mm RPG-2 (links).

Gefechtsausbildung in der rumänischen Armee: Eine Schützengruppe mit Maschinenkarabinern AK-47 (Kalaschnikow) und einem leichten Maschinengewehr RPD (Degtjarew) setzt zum Sturmlauf an. Die beiden Schützen im Vordergrund mit einem ›Kompanie-Maschinengewehr‹ RP-46 (Degtjarew) geben Feuerschutz (unten).

Polnische Fallschirmjäger bei der Ausbildung an der rückstoßfreien Panzerabwehrkanone 82 mm B-10 (rechts); Scharfschießen mit einer Panzerabwehrkanone 57 mm M-43 bei einem rumänischen MotSchützenregiment (unten). Beide Geschütze zählen zu den Panzerabwehrwaffen des Bataillons.

Ungarische Soldaten bringen einen schweren Granatwerfer (Mörser) 120 mm M-43 in Stellung (links).

Angehörige der albanischen Territorialverteidigung (›Partisanen‹) beim Übungsschießen mit einem mittleren Granatwerfer (Mörser) 76,2 mm M. II, einer britischen Waffe aus dem Zweiten Weltkrieg (unten).

Wettkampfmäßige Ausbildung zwischen einer sowjetischen und einer ostdeutschen MotSchützeneinheit (oben).

Befehlsausgabe bei einem sowjetischen Panzerzug. Im Hintergrund zwei Kampfpanzer T-62 (unten).

Richtübungen an einer Panzerabwehrkanone 85 mm M-45 der sowjetischen Luftlandetruppen. Das Geschütz verfügt über einen Hilfsantrieb, der einen Stellungswechsel über kurze Strecken auch ohne Zugmittel ermöglicht (oben).

Scharfschießen einer Kanonenhaubitzbatterie der sowjetischen Luftlandetruppen (unten).

Abfeuern einer sowjetischen Feldhaubitze 122 mm M-38 in einer Batterie der tschechoslowakischen Volksarmee (links).

Ein Offizier überprüft die Richtung einer sowjetischen Kanonenhaubitze 122 mm M-63 während eines Scharfschießens. Die Geschützbedienungen tragen im Ostblock ihre Handfeuerwaffen, Maschinenkarabiner AK-47 (Kalaschnikow), stets auf dem Rücken (unten).

Laden eines sowjetischen leichten Feldraketenwerfers 122 mm M-64 in der polnischen Volksarmee (linke Seite).

Schwerer Panzerraketenwerfer T-7 B ›SCUD B‹ in Feuerstellung (links); schwerer Panzerraketenwerfer ›FROG-4‹ in der polnischen Volksarmee (unten).

Die ›taktischen Raketen‹ (FROG) und die ›operativ-taktischen Raketen‹ (SCUD) sind die wichtigsten Trägermittel für die atomaren Gefechtsfeldwaffen des Warschauer Paktes.

Ausbildung an der Flugabwehrmaschinenkanone 20 mm/ Drilling M-57 der Jugoslawischen Volksarmee. Das Geschütz ist der jugoslawische Lizenzbau einer Hispano-Suiza-Kanone (oben).

Scharfschießen einer ostdeutschen Flugabwehreinheit, die mit sowjetischen Fliegerabwehr-Maschinengewehren 14,5 mm/ Vierling ZPU-4 ausgestattet ist (unten).

Ausbildung an der sowjetischen Flugabwehrrakete M-2 ›GUIDELINE‹.

Startvorbereitung einer Rakete in einer Flugabwehr-Raketenbatterie der tschechoslowakischen Volksarmee. Die Bedienung trägt ABC-Schutzmasken (rechts).

In einer sowjetischen Flugabwehrbatterie wird eine Rakete vom Raketentransportfahrzeug auf die Startrampe übergezogen (unten).

ABC-Abwehr: Entstrahlen eines Lkw 1,5 t (4 x 4) Tatra 805 der tschechoslowakischen Volksarmee (oben); ein rumänischer Strahlenspürtrupp bei einer Übung (unten).

Einteilung von Kraftfahrern in einer tschechoslowakischen Kaserne (oben).

Alarm bei einer polnischen Einheit. Die Soldaten laufen mit einer sowjetischen rückstoßfreien Panzerabwehrkanone 82 mm B-10 und mit der Munition der Gefechtsbeladung zum Alarmplatz (rechts).

Ungarn: Ein MotSchützenzug in Schützenkette (links) und auf einer KMM-Brücke, die von einem Brückenlegefahrzeug ausgelegt wurde (unten). Die Soldaten sind mit Maschinenkarabinern 7,62 mm AK-47 (Kalaschnikow), dem leichten Maschinengewehr 7,62 mm RPD (Degtjarew) und der Panzerfaust 40/82 mm RPG-2 bewaffnet.

Jugoslawien: Eine Infanterieeinheit auf dem Marsch (oben); als schwere Waffe wird eine Gebirgskanone 76 mm M-48 B-1 mitgeführt (unten). Die Truppe ist mit Karabinern 7,92 mm M-48 und leichten Maschinengewehren 7,92 mm M-53 ›Sarac‹ ausgerüstet. Alle diese Waffen werden in Jugoslawien hergestellt.

Albanien: Angehörige der Territorialverteidigung (›Partisanen‹) auf dem Marsch (oben); Marschübung einer Armeeeinheit in schwierigem Gelände (unten).

Rumänien: Gefechtsübung einer Gebirgsjägereinheit, die mit Maschinenkarabinern 7,62 mm AK-47 (Kalaschnikow) und mit einem ›Kompanie-Maschinengewehr‹ RP-46 (Degtjarew) bewaffnet ist (oben). Kompanietrupp einer MotSchützenkompanie (unten).

Ungarn: Gefechtsübung einer Aufklärungseinheit. Ein Spähpanzer FUG (oben) und eine Panzerabwehrkanone 57 mm M-43, gezogen von einem Lkw 4,5 t (4 x 2) Csepel 450 (unten). Aus der Zulassungsnummer SB-26-01 ist zu erkennen, daß es sich bei diesem Lastkraftwagen um ein Fahrzeug der Wirtschaft handelt, das für die Übung eingezogen wurde. Die ungarischen Heeresfahrzeuge tragen H-Nummern; s. die Nummer H-14-13 am Spähpanzer (H = Honvéd).

Die Panzerabwehrkanone 57 mm M-43 eröffnet das Feuer auf angreifende Feindpanzer (oben). Die Geschützbedienung ist mit der ungarischen Abart des sowjetischen Maschinenkarabiners 7,62 mm AK-47 (Kalaschnikow) bewaffnet. Rast nach der Gefechtsübung (unten).

Panzerausbildung: Der Richtschütze in einem albanischen Kampfpanzer vom sowjetischen Typ T-54 stellt sein Zielfernrohr ein (links). Ein T-54 der jugoslawischen Volksarmee zusammen mit einem Schützenpanzer M-590 bei einer Gefechtsübung (unten).

Versorgung von Panzerverbänden: Aufmunitionieren eines sowjetischen T-54 (rechts). Auftanken von Kampfpanzern T-34/85 der ungarischen Volksarmee (unten). Der Betriebsstoff wird aus rasch verlegbaren, feldmäßigen Rohrleitungen übernommen. Die älteren Panzer T-34/85 werden zu Ausbildungszwecken aufgebraucht, weil Motor, Schalt- und Lenkgetriebe sowie die Feuerleitanlage dieser Fahrzeuge den entsprechenden Anlagen in den neueren Panzern T-54, T-55 und T-62 weitgehend entsprechen.

Winterausbildung bei Panzerverbänden: Kampfpanzer T-54 der tschechoslowakischen Volksarmee auf dem Marsch (links). Schießübung von Bord eines sowjetischen Spähpanzers BTR-40 P (BRDM) der tschechoslowakischen Volksarmee aus (unten). Die Bordwaffe ist ein schweres Maschinengewehr 12,7 mm DschK (Degtjarew-Schpagin); die Besatzung ist mit Maschinenkarabinern 7,62 mm AK-47 (Kalaschnikow) ausgestattet.

Eine sowjetische Schützengruppe im Vorgehen vor einem Schützenpanzer BTR-60 PB (oben). Die MotSchützen sind mit Maschinenkarabinern 7,62 mm AK-47 (Kalaschnikow) und einer Panzerfaust 40/100 mm RPG-7 bewaffnet. Im Drehturm des BTR 60 PB sind ein Maschinengewehr 14,5 mm und zwei MG 7,62 mm eingebaut.

Aufsitzen einer sowjetischen MotSchützenkompanie auf Schützenpanzer BMP-76, die mit einer Bordkanone 76 mm und einem MG 7,62 mm bewaffnet sind (unten).

Entspannung nach der Gefechtsübung: Sowjetische und ostdeutsche MotSchützen vor ihren Schützenpanzern BTR-60 PK (oben).

Sowjetische MotSchützen empfangen Verpflegung aus der Feldküche (unten).

Rechte Seite: Pionierausbildung: Jugoslawische Pioniere bereiten eine Brücke zum Sprengen vor (oben). Ein sowjetischer Grabenbagger MDK-2 M überschreitet auf einer Panzerschnellbrücke MTU einen Panzergraben; dahinter folgt eine Räumschaufel BAT (unten).

Kampf um Gewässer
Ein tschechoslowakischer Kampfpanzer T-54 mit serienmäßiger Tiefwateinrichtung (Schnorchelgerät) nach dem Durchfurten eines Flusses; das an der Einfahrt zur Furt verlegte Stahlstraßengerät ist deutlich zu erkennen (rechts).

Eine Schützengruppe der jugoslawischen Volksarmee beim Übersetzen mit Schlauchbooten (unten).

Übersetzen eines sowjetischen Kampfpanzers T-54 mit Hilfe einer GSP-Fähre (rechte Seite oben).

Zwei Schützenpanzer OT-64 ›SKOT‹ der tschechoslowakischen Volksarmee überwinden schwimmend ein Gewässer (rechte Seite unten).

433

2
246
1
1

Rumänien:
Pioniere beim Bau einer Kriegsbrücke aus sowjetischem TPP-Gerät (linke Seite oben und unten).

Scharfmachen einer Panzermine (rechts).

Pioniere beim Verlegen von Panzerminen mit Hilfe einer Minenrutsche, die von einem Lkw SIL-157 gezogen wird (unten).

Feuerstellung einer sowjetischen Raketenbatterie, die mit schweren Feldraketenwerfern FROG-7 ausgestattet ist (oben).

Der Verteidigungsausschuß des polnischen Parlaments wohnt auf einem Truppenübungsplatz einer Vorführung bei (unten).

Planspiel an der rumänischen Militärakademie in Bukarest; die Übungsleitung verfügt über einen Hausfernseher und eine Gegensprechanlage, die sie mit den beiden Übungsparteien verbindet (oben).

Moderne ›Gefechtsstandtechnik‹ in der ostdeutschen Volksarmee: Ein Fernsehgerät erleichtert die Arbeit des Stabes (rechts).

Ostdeutsche Offiziere als Lehrgangsteilnehmer (›Kursanten‹) in Moskau (links).

Stabsoffiziere der sowjetischen Streitkräfte auf einem Lehrgang der Moskauer Generalstabsakademie (unten).

Posten vor dem Eingang zur ostdeutschen Offizierschule (oben). Offizieranwärter der NVA bei der Taktikausbildung; gespielt wird eben der Einsatz atomarer Gefechtsfeldwaffen (Mitte). Unterricht an der rumänischen Offizierschule (unten).

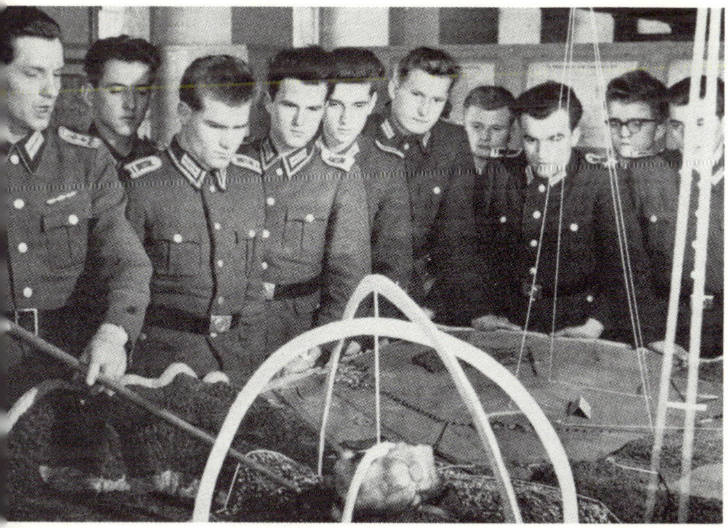

555

Schützenpanzer BTR-60 der sowjetischen Marineinfanterie beim Anlanden an freier Küste (linke Seite oben). Befehlsausgabe bei einer Marineinfanterie-Kompanie (linke Seite unten).

An der dalmatinischen Küste nehmen jugoslawische Fährprähme eine Einheit der Marineinfanterie, die an Land einen Einsatz durchgeführt hat, wieder an Bord (unten).

Rechte Seite:
Ausbildung bei den sowjetischen Luftlandetruppen: Fallschirmjäger nach der Landung (oben links). Die Bewaffnung besteht aus einem Maschinenkarabiner 7,62 mm AK-47 (Kalaschnikow) und einer Panzerfaust 40/100 mm RPG-7. Im Militärbezirk Transkaukasus üben Fallschirmjäger das Landen mit Fallschirmen an einem Übungsgerät (oben rechts). Verladung eines Luftlande-Jagdpanzers ASU-57 auf einer Abwurfpalette (unten). Der Jagdpanzer wird zusammen mit der Palette aus einem schweren Transporter An-12 ›CUB‹ an mehreren Fallschirmen abgeworfen. Der Aufprall wird durch Raketen gebremst.

Polnische MotSchützen üben das rasche Verlassen eines Hubschraubers vom sowjetischen Typ Mi-4 ›HOUND‹ (links).

Luftlandeübung in der jugoslawischen Volksarmee. Auch hier werden sowjetische Hubschrauber vom Typ Mi-4 ›HOUND‹ verwendet.

45

Flugzeugführer der albanischen Luftstreitkräfte bei einer Einsatzbesprechung (links). Ein Jagdbomber vom amerikanischen Typ F-84 G ›Thunderjet‹ vor einer splittersicheren Box auf einem Fliegerhorst in Jugoslawien (unten).

Flugvorbereitung eines sowjetischen Jagdbombers Su-7 M ›FITTER‹ auf einem tschechoslowakischen Fliegerhorst (oben).

Sowjetische Flugzeugführer vor einem Allwetterjäger MiG-21 PF ›FISHBED-D‹ (unten).

Ausbildung von Angehörigen der jugoslawischen ›Territorialmiliz‹. Die Bewaffnung besteht meist aus älteren Waffen, z. B. aus den Karabinern 7,92 mm M-48, dem jugoslawischen Nachbau des deutschen Karabiners 98 k, und der deutschen Maschinenpistole 40 aus der Zeit des Zweiten Weltkrieges (oben) sowie aus einem tschechoslowakischen Maschinengewehr 7,92 mm ZB-30 (unten).

Albanische Soldaten geleiten bei einer größeren Übung die Zivilbevölkerung ›bedrohter Gebiete‹ in Räume, die der Feindeinwirkung entzogen sind (links).

Winterbiwak bulgarischer Soldaten (unten).

Ein Unterleutnant der jugoslawischen Volksarmee mit seinen Soldaten während einer Pause in der Gefechtsausbildung (links). Lebendige Tradition: Jugoslawische Soldaten besuchen während einer Übung ein Denkmal, das an die Opfer des Partisanenkrieges von 1941 bis 1945 erinnert (unten).

Ein Offizier der albanischen Marine erläutert zwei Matrosen ein Erinnerungswerk, das 1968 anläßlich des 25jährigen Bestehens der Volksrepublik erschienen ist (rechts). Dichterlesung auf einem ostdeutschen Truppenübungsplatz (unten). In der Mitte der Schriftsteller Bernhard Seeger.

Das Schachspiel ist vor allem bei den sowjetischen Soldaten sehr beliebt, wird aber auch in den anderen Armeen des Ostblocks viel gespielt (oben). In einer sowjetischen Kaserne diskutieren Kulturschaffende mit Offizieren über ihre Werke (unten).

Eine Laienspielgruppe der Sowjetarmee bei Filmaufnahmen (oben). Sowjetische Offiziere und Soldaten bei einer kulturellen Veranstaltung (unten).

Nahezu alle Armeen des Ostblocks verfügen über bekannte Soldatenchöre. Ein Chor der bulgarischen Volksarmee bei einer Veranstaltung in Sofia (oben).

Im Zentrum von Bukarest befindet sich das ›Haus der Armee‹ (Casa Centrala a Armatei). Es enthält neben einem Theatersaal, einem Kino und einer Bibliothek auch ein gutes Restaurant sowie Aufenthalts- und Klubräume. Wie überall im Ostblock, ist das ›Haus der Armee‹ der gesellschaftliche Mittelpunkt der Garnison (links).

Der Festtag des Soldaten

Im Mittelpunkt aller feierlichen Veranstaltungen der Armeen des Ostblocks steht der Marxismus-Leninismus. Überall wacht die alles beherrschende Kommunistische Partei darüber, daß ihre Lehren, einschließlich der oft wechselnden Tagesparolen, den Soldaten eindringlich vermittelt werden. Dieses für die Sowjetarmee geschaffene und bei ihr auch wirksame politische Führungssystem zeitigt in den anderen Armeen des Ostblocks nicht die gleichen Ergebnisse. Es ist daher anzunehmen, daß die Überfütterung mit Parteiveranstaltungen bei vielen Soldaten eher Ablehnung als Zustimmung zum kommunistischen System hervorruft.

Rekrutenvereidigung in der Sowjetunion: Die Rekruten stehen vor der Mitte ihrer Züge und verlesen nacheinander die Eidesformel (oben). Traditionsgemäß hat jeder Soldat den Eid einzeln zu leisten (unten).

Rekrutenvereidigung: In Ungarn unterzeichnet jeder Soldat nach der militärischen Feier die Verpflichtungserklärung. Links die zu dieser Veranstaltung eingeladene Witwe Imre Mezös, eines Budapester Parteifunktionärs, der beim ungarischen Aufstand im Oktober 1956 erschossen wurde (oben).

Auch in Jugoslawien bekräftigen die Soldaten durch ihre Unterschrift den bereits geleisteten Soldateneid. Mit Handschlag nimmt der Kompaniechef den Rekruten als nunmehr vollwertigen Soldaten in die Einheit auf (unten).

Auf einem polnischen Kasernenhof verpflichten sich junge Soldaten zum Dienst in der Volksarmee (oben). Zum Abschluß ihrer Ausbildung zum Offizier legen die eben beförderten Leutnants der Sowjetarmee Blumen am Lenin-Mausoleum nieder (unten).

In Anlehnung an eine alte polnische Tradition befördert der Marschall von Polen Marian Spychalski Offizieranwärter durch Berühren mit seinem Degen zum Offizier.

Eine jugoslawische Gebirgsbrigade feiert den Neujahrstag: Nach der Flaggenparade (oben) tanzen die Soldaten den ›Kolo‹, den Volkstanz vieler südslawischer Völker (unten).

Erster Mai in Ost-Berlin: Am Mai-Aufmarsch der Sozialistischen Einheitspartei Deutschlands (SED) nehmen auch Angehörige der Nationalen Volksarmee teil (oben). Eine Sing- und Spielgruppe der Freien Deutschen Jugend (FDJ) besucht eine Kaserne (rechts).

Bei einem ›Meeting‹ spricht der albanische Verteidigungsminister Beqir Balluku mit Soldaten. Rechts ein Offizier, der nach chinesischem Vorbild zwar keine Dienstgradabzeichen trägt, durch seine bessere Uniform aber doch als Vorgesetzter erkannt werden kann.

Der rumänische Staats- und Parteichef Nicolae Ceauşescu kommt zum ›Meeting‹ auf einen Truppenübungsplatz. Ein General meldet das Offizierkorps.

Am 17. März 1971 erhielt die Moskauer Lenin-Akademie für Militärwesen und Politik die höchste Stufe des ostdeutschen ›Kampfordens für Verdienste um Volk und Vaterland‹ in Gold. Der Kommandeur der Akademie, Generaloberst A. A. Radziewsky, mit dem Orden, der für die Förderung der Zusammenarbeit zwischen der Sowjetarmee und der Nationalen Volksarmee verliehen wurde (oben). Die Festgäste spenden Beifall (unten, v. r. n. l.): Der sowjetische Verteidi-

gungsminister Marschall Gretschko, der ostdeutsche Verteidigungsminister Armeegeneral Hoffmann, der Kommandeur der Akademie, der Erste Stellvertretende Verteidigungsminister der Sowjetunion Marschall Jakubowski, der Leiter der Politischen Hauptverwaltung der Armee und Flotte Armeegeneral Jepischew und der stellvertretende ostdeutsche Verteidigungsminister Admiral Verner, der zugleich oberster Politkommissar der Volksarmee ist.

Zur Erinnerung an die Oktoberrevolution von 1917 findet alljährlich am 7. November in Moskau eine große Parade statt: Die Führer von Partei, Staat und Armee grüßen vom Lenin-Mausoleum aus die Paradetruppen (oben). Vorbeimarsch eines MotSchützenbataillons mit Schützenpanzern BTR-60 P (unten).

Parade in Moskau: Vorbeimarsch sowjetischer Fallschirmjäger.

Parade in Moskau: Marineinfanterie der Nordmeer-Flotte (oben) und Offizieranwärter einer Moskauer Militärschule (unten).

Parade in Warschau: Panzereinheiten mit Kampfpanzern T-54 (oben) und Fallschirmjäger auf Kettenschwimmwagen K-61 (unten).

Parade in Bukarest: Der rumänische Verteidigungsminister, Generaloberst Ion Ioniţa, fährt in einem Lkw 0,5 t M-461 (rumänischer Lizenzbau des sowjetischen Lkw GAS-69 A) die Front der ausgerückten Verbände ab. Im Vordergrund eine Gebirgsjägereinheit (oben). Den Abschluß der Parade vom 23. August, dem Jahrestag des rumänischen Frontwechsels im Zweiten Weltkrieg, bildet ein Volksaufmarsch, an dem Zehntausende von Werktätigen und Sportlern aus Bukarest teilnehmen (unten).

Parade in Budapest: Ungarn feiert den 4. April als Staatsfeiertag, weil die letzten deutschen Truppen am 4. April 1945 ungarisches Staatsgebiet verlassen haben. Militärische Feiern werden aber nur alle fünf Jahre abgehalten. Paradeaufstellung der ungarischen Volksarmee auf der Budapester Dózsa György út (oben). Der ungarische Verteidigungsminister, Generaloberst Lajos Czinege, fährt mit dem Kommandanten der Parade, Generaloberst József Kálazi, die Paradefront ab.

Eine Reitergruppe, ungarische Husaren aus den Kämpfen von 1848/49, symbolisiert die Tradition der Volksarmee (oben). An der Spitze der Fußtruppen ein Marschblock aus Offizieren des Verteidigungsministeriums, davor ein General als Führer des Fußtreffens (unten).

Paraden in der Tschechoslowakei: Vorbeimarsch von Soldaten der Donau-Grenzwache (oben) und von Angehörigen des I. Tschechoslowakischen Korps, das 1944/45 an der Seite der Roten Armee gegen das Deutsche Reich kämpfte. Gefeiert wird am 9. Mai, dem Jahrestag des Kriegsendes von 1945 in Europa.

In Preßburg sind auch Einheiten der ›Volksmiliz‹ (Lidová Milize) am Vorbeimarsch beteiligt (oben). Traditionspflege in Prag: Rotarmisten tschechischer Nationalität, die am russischen Bürgerkrieg auf seiten der Roten Armee teilgenommen haben. Die Tafeln auf den Fahrzeugen führen die Aufschrift: ›Für die Herrschaft der Räte‹ und ›Es lebe die Rote Armee‹ (unten).

Parade in Sofia: Vorbeimarsch der Offiziersschüler (links) sowie von Raketenwerfern FROG-4 und FROG-7 (unten).

Parade in Belgrad: Marschall Josip Broz Tito nimmt zusammen mit dem Präsidenten der afrikanischen Republik Sambia, Dr. Kenneth Kaunda, den Vorbeimarsch ab.

Parade in Leningrad: Schützenpanzer BTR-60 der Marineinfanterie auf der Newa (oben). Albanien gleicht sich auch in der Paradeform dem chinesischen Vorbild an: Soldaten der Volksarmee mit sowjetischem Maschinengewehr 12,7 mm DschK (unten).

Soldaten der Sowjetarmee führen auf einer Kolchose Volkstänze vor (links). Ein Veteran aus dem Bürgerkrieg mit Nachimow-Militärschülern in Leningrad (unten). Links im Bild der Kreuzer ›Aurora‹, der in der Oktoberrevolution von 1917 eine bedeutende Rolle gespielt hat und heute als Museum dient.

Sportfest der jugoslawischen Volksarmee in Belgrad.

Die großen Manöver

Die Großübungen der Armeen des Ostblocks dienen zu einem beträchtlichen Teil der Wehrpropaganda. Da ausländischen Berichterstattern die Teilnahme an den Manövern verwehrt wird und die eigene Presse gelenkt ist, kann kaum ein tieferer Einblick gewonnen werden. Die üblichen Abschlußparaden sind Propagandaveranstaltungen, an denen nicht die Übungstruppe, sondern besonders vorbereitete Verbände teilnehmen.

Manöver ›Oktobersturm‹

Thüringen — Oktober 1965
Teilnehmer: Sowjetarmee, Nationale Volksarmee, Polnische und Tschechoslowakische Volksarmee.

Die Panzerverbände von Rot und Blau stoßen aufeinander — ein typisches Manöverbild, wie es sich offenbar nirgendwo vermeiden läßt (links).

Ein Panzerbeobachter der Artillerie mit seinem Scherenfernrohr auf einem sowjetischen Spähpanzer BTR-40 P (unten).

Eine polnische Werkstattkompanie bei der Feldinstandsetzung eines Schützenpanzers OT-64, dessen Prototypen zum erstenmal in einem großen Manöver erprobt wurden (oben).

Abschlußparade in Erfurt: Auf dem Schützenpanzer BTR-60 P einer sowjetischen Gardeeinheit steht je ein Offizier mit den Fahnen der am Manöver beteiligten Armeen (unten).

Manöver ›Moldau‹

Böhmen — September 1966.
(Tschechische Bezeichnung: ›Vlatava‹.)
Teilnehmer: Sowjetarmee, Tschechoslowakische Volksarmee, Nationale Volksarmee, Ungarische Volksarmee.

Tschechoslowakische Panzerverbände werden mit der Eisenbahn in den Übungsraum gefahren (rechts).

Bei einer tschechoslowakischen Panzereinheit treffen Reservisten ein, die für das Manöver ›Moldau‹ einberufen wurden (unten).

Angriff einer tschechoslowakischen Panzerkompanie (oben).

Tschechoslowakische MotSchützen sitzen von ihren Schützenpanzern OT-64 (›SKOT-2 A‹) ab (unten).

Ein Schwimmtaucher der ungarischen Volksarmee hat den Grund eines Wasserlaufes erkundet. Hinter dem Taucher ein ungarischer Spähpanzer FUG (oben).

Kampfpanzer vom sowjetischen Typ T-54 überschreiten auf einer tschechoslowakischen SMS-Kriegsbrücke die Moldau (links).

Abschlußparade in Budweis (rechte Seite): Der Oberbefehlshaber des Warschauer Paktes, Marschall der Sowjetunion Andrej A. Gretschko, spricht zu den Manövertruppen. Links von Gretschko steht der tschechoslowakische Staats- und Parteichef Antonín Novotný, rechts die Verteidigungsminister mehrerer Warschauer-Pakt-Staaten: Marschall der Sowjetunion Rodion I. Malinowsky (Sowjetunion), Armeegeneral Bohumír Lomský (CSSR), Generaloberst Lajos Czinege (Ungarn), Armeegeneral Heinz Hoffmann (Ostdeutschland) und Generaloberst D. Dzurow (Bulgarien).

Ein sowjetischer schwerer Feldraketenwerfer FROG-7 der tschechoslowakischen Volksarmee beim Vorbeimarsch.

Manöver ›Dnjepr‹

Ukraine und Weißrußland — September 1967
Teilnehmer: Verbände der Sowjetarmee.

Alte und neue Führungsmittel: Ein Hubschrauber vom Typ Mi-1 (HARE) überbringt dem Führer einer Raketenwerferbatterie FROG-4 einen Befehl (oben). Der Befehl zum Aufsitzen wird der MotSchützenkompanie mit einem Hornsignal weitergegeben (unten).

Fallschirmjäger überqueren mit Hilfe von Schlauchbooten ein Gewässer (oben). Blick ins Innere eines sowjetischen Fernmeldefahrzeuges (unten).

Auf einem Fliegerhorst im Übungsraum: Sowjetische Jagdbomber Su-7 (FITTER) werden startbereit gemacht (oben). Eine Flugabwehrrakete M-2 (GUIDELINE) in Stellung (unten).

Ein Soldatenchor der Sowjetarmee im Übungsraum. Die Sänger stehen auf einem Schützenpanzer BTR-60 P (rechte Seite).

Manöver ›Oder-Neiße 69‹

Pommern, Mecklenburg, Schlesien und Sachsen – September 1969
Teilnehmer: Sowjetarmee, Nationale Volksarmee, Polnische und Tschechoslowakische Volksarmee.

Ein sowjetischer Pionier stellt eine Schwimmkörperverbindung beim PMP-Kriegsbrückengerät her (links).

Kriegsbrücke aus sowjetischem PMP-Gerät über die Oder (oben).

Polnische MotSchützen überschreiten die Warthe mit sowjetischen Kettenschwimmwagen K-61 (rechts).

Abschlußparade in Breslau. Unter den prominenten Manövergästen auf der Ehrentribüne befinden sich zahlreiche hohe Offiziere (v. r. n. l.): Der bulgarische Verteidigungsminister, Generaloberst D. Dzurow, der rumänische Verteidigungsminister, Generaloberst Ion Ioniţa, der tschechoslowakische Verteidigungsminister, Generaloberst Martin Dzúr, der sowjetische Verteidigungsminister, Marschall der Sowjetunion Andrej A. Gretschko, der polnische General W. Jaruzelski, der Oberbefehlshaber des Warschauer Paktes, Marschall der Sowjetunion Iwan J. Jakubowski, der ostdeutsche Verteidigungsminister, Armeegeneral Heinz Hoffmann, der nordkoreanische General Choi Hiom (durch den Pfahl halb verdeckt), der mongolische Verteidigungsminister General B. Dorz und Major Lino Carrera Rodriguez aus Kuba (oben).

Ein Kampfpanzer T-54 der polnischen Volksarmee mit serienmäßiger Tiefwateinrichtung nach dem Durchfurten eines Flusses (links).

Das übliche, gestellte Manöverfoto der ›Bruderarmeen‹: zwei sowjetische Panzermänner, zwei polnische MotSchützen und ein tschechoslowakischer Soldat (rechts).

Manöver ›Düna‹

Weißrußland — März 1970
(Russische Bezeichnung: ›Dwina‹)
Teilnehmer: Verbände der Sowjetarmee.

MotSchützen sollen zu einem Luftlandeeinsatz in einen Großhubschrauber vom Typ Mi-6 (HOOK) starten (oben). MG-Trupp in Stellung; die Soldaten sind mit Maschinenkarabinern AK-47 (Kalaschnikow) und einem ›Kompanie-Maschinengewehr‹ RP-46 (Degtjarew) bewaffnet (unten).

Eine Kanonenhaubitzbatterie geht in Stellung: Nach dem Einfahren in den Stellungsraum springen die Geschützbedienungen von den Zugfahrzeugen — Lkw 4,5 t (6 x 6) URAL 375 D — ab (oben). Die Geschütze werden feuerbereit gemacht (rechts).

Die Kanonenhaubitze, 122 mm, M-63, ist das modernste sowjetische Geschütz. Die Dreibeinlafette erlaubt Rundumfeuer; geschossen wird in der oberen und unteren Winkelgruppe. Das Geschütz ist gleich gut für die Panzerabwehr wie für die Unterstützung der Kampftruppen geeignet. Es dürfte das Standardgeschütz der Divisionsartillerie werden. Die Batterie verfügt über sechs Geschütze.

Sowjetische Kampfpanzer auf dem Marsch. Vorne ein T-54, dahinter mehrere neue Panzer vom Typ T-62 (oben).

Eine Panzerabwehrkanone, 85 mm, M-45, beim Stellungsbezug (unten).

Sowjetischer schwerer Feldraketenwerfer FROG-7. Die Fahrzeuge gehören nicht zur Übungstruppe, sondern zu den besonderen Paradeverbänden, die am Vorbeimarsch in Minsk teilgenommen haben (oben).

Reservisten als Bedienung eines Fliegerabwehrmaschinengewehres, 14,5 mm Vierling, ZPU-4 (unten).

PMP-Kriegsbrücke über die Düna. Die für schwere Fahrzeuge nicht mehr tragfähige Eisdecke mußte für den Brükkenschlag aufgebrochen werden. Auf der Brücke befinden sich FlA-Panzer ZSU-23/4 mit radargesteuertem 23-mm-Vierling (oben).

Soldaten eines Verkehrsregelungszuges — kenntlich am cyrillischen »P« (R = »Regulierer«) im Sowjetstern — überbringen einen Befehl. Links ein Schützenpanzer BTR-60 PB, rechts ein Spähpanzer BTR-40 P (unten).

Angriff einer sowjetischen Panzerkompanie mit zehn Kampfpanzern T-62 (oben).

Sowjetische MotSchützen auf dem Marsch. An den Schützenpanzern BTR-60 PB wird die Skiausrüstung außen mitgeführt. Befehle wurden mit Hilfe von Winkerflaggen erteilt (unten).

Eine sowjetische Fallschirmjägerkompanie vor zwei schweren Transportern An-12 (oben). Entladen eines schweren Panzerraketenwerfers SCUD-B aus einem Großraumtransporter An-22 (COCK). Am Manöver »Düna« waren sieben bis zehn An-22 beteiligt (unten).

Manöver ›Rammstoß‹

Böhmen – August 1970
(Tschechische Bezeichnung: ›Taran‹)
Teilnehmer: Sowjetarmee, Tschechoslowakische Volksarmee.

Von der Ehrentribüne aus verfolgen prominente Manöverbesucher einen Übungsabschnitt: Der Präsident der Republik Ludvík Svoboda, der Erste Sekretär des Zentralkomitees der KPC, Dr. Gustav Husák, der Vorsitzende der föderativen tschechoslowakischen Staatsregierung, Dr. Lubomir Strougal, der Erste Sekretär der Kommunistischen Partei der Slowakei, Jozef Lenart, der Verteidigungsminister, Generaloberst Martin Dzúr und der Innenminister Ing. Radko Koska, dazu zahlreiche Generale der tschechoslowakischen Volksarmee sowie Vertreter von Staat und Partei. Außerdem wohnten dem Manöver noch hohe Offiziere des Oberkommandos des Warschauer Paktes sowie der sowjetischen Gruppe Mitte, deren Verbände in der Tschechoslowakei stationiert sind, bei.

Sowjetische MotSchützen im Manöver ›Taran‹: Eine abgesessene Kompanie greift vor ihren Schützenpanzern BTR-60 P und BTR-60 PB an (oben). Eine MotSchützen-Einheit auf dem Marsch; der vorderste SPz ist mit einem Infrarotscheinwerfer ausgestattet (unten).

Start eines sowjetischen Jagdbombers Su-7 M (FITTER) der tschechoslowakischen Luftstreitkräfte (links) und Maschinen des gleichen Typs auf einem Fliegerhorst in Böhmen (oben).

Ein Kampfpanzer T-54 der tschechoslowakischen Volksarmee, dahinter Schützenpanzer OT-64 (unten).

Manöver ›Waffenbrüderschaft‹

Mecklenburg, Brandenburg, Altmark, Sachsen — Oktober 1970

Teilnehmer: Sowjetarmee, Nationale Volksarmee, Polnische und Tschechoslowakische Volksarmee, mit Abordnungen auch Ungarische Volksarmee, Rumänische Armee und Bulgarische Volksarmee.

Abgehalten aus Anlaß des fünfzehnjährigen Bestehens des Warschauer Paktes.

Ein sowjetischer Seeaufklärer Be-12 ›Tschaika‹ (MAIL) der Baltischen Rotbannerflotte fliegt U-Boot-Sicherung über der Ostsee (linke Seite oben). Landung an der Mecklenburgischen Küste. In der Mitte ein Panzerlandungsboot der ostdeutschen ›Labo‹-Klasse (linke Seite unten).

Ein polnischer Bataillonsstab in seinem Führungs-SPz OT-64 ›SKOT‹. Links der Bataillonskommandeur, ein Oberstleutnant, rechts ein Hauptmann, dahinter am Funkgerät ein Unteroffizier (oben). Versorgung: Abfüllen von Betriebsstoff in ostdeutsche Lkw 5 t (6 x 6) Horch G-5 (unten).

Auch im Manöver wird in allen Einheiten täglich Polit-Unterricht abgehalten. Der Polit-Offizier des Bataillons erklärt den Soldaten die Tagesparolen an Hand einer Armeezeitung.

Abgesessene MotSchützen einer sowjetischen Garde-Division greifen mit Panzerunterstützung an (oben). Ein sowjetischer leichter Feldraketenwerfer BM-21 in Stellung. Im Vordergrund der Batterieoffizier mit Handlautsprecher, dahinter der Rechentrupp (unten).

Thema ›Bruderarmeen‹ – die üblichen, gestellten Pressefotos: Oben in Felduniform (v. l. n. r.: Ungarn, NVA, Sowjetunion, Tschechoslowakei, Bulgarien, Rumänien und Polen). Unten im Ausgehanzug (v. l. n. r.: Polen, NVA, Polen, Sowjetunion, Ungarn, Rumänien und Bulgarien). Einige Offiziere tragen das offizielle Manöverabzeichen.

Abschlußparade in Magdeburg: Das polnische Panzerregiment 27, ›Regiment deutscher anti-faschistischer Widerstandskämpfer‹, marschiert mit seinen Kampfpanzern T-54 vorbei (oben). Die Zuschauer schwenken die von der Regie verteilten Papierfähnchen . . . (unten).

Manöver ›Süd‹

Ukraine, Bessarabien — Juni 1971
(Russische Bezeichnung: ›Yug‹)
Teilnehmer: Verbände der Sowjetarmee.

Transporthubschrauber vom Typ Mi-6 (HOOK) landen sowjetische Fallschirmjäger (oben). Panzerverbände greifen mit JaBo-Unterstützung an (unten).

Landung an der Schwarzmeerküste: Hubschrauber Mi-4 (HOUND) kehren nach dem Absetzen von Luftlandetruppen zurück (oben). Späh- und Schützenpanzer der Marineinfanterie beim Anlanden an der Küste (unten).

Sowjetische Panzerlandungsboote setzen Kampfpanzer T-54 an der Schwarzmeerküste an Land. Das Anlanden an freier Küste wurde beim Manöver ›Süd‹ von der sowjetischen Wehrpropaganda breit geschildert. Es sollte wohl darüber hinwegtäuschen, daß sowohl die Sowjetunion als auch der Warschauer Pakt infolge von Mangel an geeignetem Schiffsraum (Panzerlandungsboote und Transporter) zu großen Truppenbewegungen über See nicht in der Lage sind.

Ein schwimmfähiger Schützenpanzer BTR-60 P der sowjetischen Marineinfanterie landet an freier Küste (oben). Als Bordwaffe wird ein Maschinengewehr 7,62 mm PKS (Kalaschnikow) verwendet. Die Befehlsübermittlung erfolgt durch Fähnchen (unten).

Manöver ›Opal 71‹

Ungarn – August 1971.
Teilnehmer: Sowjetarmee, Ungarische und Tschechoslowakische Volksarmee.

Das Manöver ›Opal 71‹ war eine große Pionierübung an der Donau in einer angenommenen rückwärtigen Kampfzone. Neben dem Übersetzen von Truppen und Versorgungsgütern stand ein Brückenschlag im Mittelpunkt des Geschehens.

Beginn des Brückenschlages. An beiden Ufern werden die zusammenfaltbaren Schwimmkörper des sowjetischen PMP-Kriegsbrückengerätes zu Wasser gebracht. Am diesseitigen Ufer arbeiten sowjetische Pioniere, am jenseitigen tschechoslowakische (linke Seite oben).
Brückenschluß zwischen den von sowjetischen und ungarischen Pionieren gebauten Abschnitten der Brücke. Ihr Bau erfolgte in drei Teilen. Die beiden landwärtigen Teile — am Westufer von sowjetischen, am Ostufer von tschechoslowakischen Pionieren erstellt — wurden eingeschwenkt, der von ungarischen Pionieren gebaute mittlere Teil eingefahren (linke Seite unten).

Arbeitstrupps der ungarischen Pioniere räumen die fertiggestellte PMP-Brücke, die von Motorbooten im Strom gehalten wird. Unterstrom die Fahrzeuge des Rettungsdienstes der Pioniere (rechts) .
Eine ungarische Versorgungskolonne mit Lkw vom Typ Csepel D-352 auf der PMP-Brücke (unten).

Der stellvertretende ungarische Verteidigungsminister, Generalmajor István Oláh, schreitet zusammen mit dem Kommandanten der Ehrenformation, Oberstleutnant István Tóth, am 8. August 1971 in Dunaújváros die Front einer Kompanie des Budapester Wachbataillons ab (oben).

Die Manöverparolen lauteten: ›Unsere vereinigten Kräfte sind unbesiegbar!‹ und ›Gefechtsbereitschaft — Freundschaft — Erfahrungsaustausch!‹

Vorbeimarsch einer PMP-Schwimmbrückenkompanie der sowjetischen Pioniere mit Lkw 7 t (6 x 6) KRAS-214 (unten).

Manöver ›Freiheit 71‹

Jugoslawien — Oktober 1971.
(Serbokroatische Bezeichnung: ›Sloboda 71‹)
Teilnehmer: Verbände der jugoslawischen Feldarmee und der Territorialmiliz.

In den ›roten‹ Partisaneneinheiten kämpften auch Frauen mit. Das Mädchen ist mit einem automatischen Gewehr, 7,62 mm M-59/66, bewaffnet (links).

Befehlsausgabe in einer Kompanie der ›blauen‹ Angreifer (unten).

Der Aggressor ›Blau‹ überschreitet die Kupa ostwärts von Karlovac.

Zwei Schützengruppen in einem sowjetischen Kettenschwimmwagen K-61 (oben).

Bau einer TMM-Brücke. Das sowjetische Gerät wird auf Lkw 7 t KRAS-214 transportiert und streckenweise eingebaut (unten).

Fährbetrieb über die Kupa: die rechte GSP-Fähre ist mit einem sowjetischen Kampfpanzer T-54 beladen (oben).

Koppeln einer sowjetischen GSP-Fähre in der Kupa. Die Fähre besteht aus zwei Kettenschwimmwagen M-65 mit Ponton, die erst im Wasser verbunden werden (unten).

PMP-Brücke über die Kupa: die am Ufer zusammengebauten Schwimmkörper werden durch Motorboote quer zum Fluß eingeschwenkt (links).

Fähre aus sowjetischem PMP-Kriegsbrückengerät. Auf der durch zwei Motorboote gezogenen Fähre eine Planierraupe BAT (unten).

›Blaue‹ Luftlandung bei Drežnik-Grad. Eine Panzerjägereinheit entlädt ihre rückstoßfreie Panzerabwehrkanone, 82 mm, M-60, aus einem sowjetischen Hubschrauber Mi-8 (oben).

Die wesentlichen Abschnitte des Manövers ›Freiheit 71‹ waren als Schauübung aufgezogen. Von der Ehrentribüne aus verfolgen Generale und Stabsoffiziere der jugoslawischen Volksarmee sowie hohe Funktionäre von Staat und Partei den Verlauf der Übung.

Eine amerikanische mittlere Feldhaubitze, 155 mm, M-1, der ›blauen‹ Angreifer in Stellung (oben).

Blauer Panzerangriff nach dem Einbruch in den ›roten‹ Verteidigungsbereich. Der Schützenpanzer M-590 im Vordergrund ist eine jugoslawische Entwicklung (unten).

Im Manöver ›Freiheit 71‹ war auch eine Zivilschutzübung eingebaut. Im ›bombardierten‹ Slunj bergen Angehörige des Roten Kreuzes verletzte Zivilisten (rechts).

Marschall Josip Broz Tito mit dem jugoslawischen Verteidigungsminister, Generaloberst Nikola Ljubičić (rechts) und dem Generalstabschef, Generaloberst Viktor Bubanj (links) in Slunj (unten).

Abschlußparade in Karlovac.

Vorbeimarsch einer Partisaneneinheit. Das erste Glied trägt das Maschinengewehr, 7,92 mm, M-53 ›Sarac‹, den jugoslawischen Nachbau des deutschen MG 42 aus dem Zweiten Weltkrieg (links).

Eine Einheit der Feldarmee ist mit automatischen Gewehren, 7,62 mm, M-59/66 bewaffnet, auf denen Gewehrpanzer- und Gewehrsprenggranaten stecken (unten). Auf der Ehrentribüne Marschall Josip Broz Tito, hinter ihm, mit Stahlhelm, der Kommandant der Parade, Generaloberst Franc Poglajen-Kranjc, daneben der jugoslawische Verteidigungsminister, Generaloberst Nikola Ljubičić, und der Generalstabschef, General Viktor Bubanj, sowie der Präsident der Teilrepublik Kroatien. Links unterhalb der Verteidigungsminister der afrikanischen Republik Sambia. Er trug während des Manövers jugoslawische Uniform (unten).

Der Raketenwerfer, 128 mm, M-63, wird unter Verwendung tschechoslowakischer Baugruppen in Jugoslawien hergestellt.

Als Zugmittel dient ein Lkw TAM-4500, der jugoslawische Lizenzbau eines deutschen Lkw Klöckner-Humboldt-Deutz (oben).

Marschall Josip Broz Tito in Karlovac im Kreise von Generalen und Stabsoffizieren. Links von Tito der Präsident der jugoslawischen Teilrepublik Kroatien. Rechts hinter Marschall Tito der Chef der Generalstabsabteilung im Oberkommando der ›Operativen Armee‹ in Belgrad, Generaloberst Bruno Vuletić (unten).

Abschlußparade in Karlovac: Mädchen einer Partisaneneinheit vor dem Vorbeimarsch. Die jungen Damen sind für das große Ereignis offensichtlich neu eingekleidet worden (oben).

Rast nach anstrengenden Manövertagen (unten).

Einsätze

Der Soldat des Warschauer Paktes ist zuweilen Belastungen ausgesetzt, die die Truppe im Westen nicht kennt. Ereignisse wie in Budapest 1956 und in Prag 1968 können nicht ohne Folgen für das Innere Gefüge eines Bündnisses bleiben.

Neben der auch bei uns üblichen Hilfeleistung bei Elementarkatastrophen wird der Soldat der Ostblock-Armeen im beträchtlichen Umfang auch zu Arbeitsdiensten aller Art herangezogen.

Ständiger Einsatz an der Grenze

»Die Grenztruppen bewähren sich täglich bei der zuverlässigen Sicherung der Staatsgrenze. Sie leisten damit einen wichtigen Beitrag zum Schutz der westlichen Grenze der sozialistischen Staatengemeinschaft. Das erfordert von ihnen höchste Wachsamkeit und politische Reife. Sie haben den Gegner unablässig im Auge und treten seiner ideologischen Diversion offensiv entgegen. Die Grenztruppen verfügen über alle notwendigen militärischen Mittel, um gegnerische Provokationen schon im Keime zu ersticken.«

Aus einer ostdeutschen Vorschrift

Der Eiserne Vorhang quer durch Europa

›Technische Sperren‹ an Grenzen sind in Mitteleuropa eine Errungenschaft des Kommunismus. Wachtürme, Drahtverhaue und Minenfelder waren früher nicht üblich und sind zwischen den Staaten des freien Westens unvorstellbar. Die behelfsmäßigen Anlagen der vierziger und fünfziger Jahre haben sich inzwischen zum perfekten System der ›Modernen Grenze‹ entwickelt. Eine Flucht aus dem ›sozialistischen Lager‹ ist damit nahezu unmöglich geworden und Pässe gibt es nur wenige.

Die ›sozialistischen Staaten‹ sichern auch untereinander ihre Grenzen durch ›Technische Sperren‹.

Ein ostdeutscher Grenzsoldat beim Bemalen eines Grenzpfahles. Rechts ein Angehöriger des deutschen Bundesgrenzschutzes (linke Seite).

Ein Wachturm an der quer durch Deutschland laufenden, widernatürlichen Grenze (oben).

Eine Streife der ostdeutschen Grenztruppen vor dem Abmarsch zum Einsatz (rechts).

Grenzdienst

Die meisten Einheiten der osteuropäischen Grenztruppen verfügen über Spürhunde. Eine jugoslawische (oben) und eine sowjetische Streife (links).

In letzter Zeit werden die Grenztruppen milizartig durch ›verläßliche Bürger‹ und erprobte Reservisten der Armee, die im Grenzgebiet wohnen, verstärkt.

Ein tschechoslowakischer Grenzsoldat, bewaffnet mit einem Maschinenkarabiner, 7,62 mm, AK-47 (Kalaschnikow). Am Kragenspiegel ist das Waffenabzeichen der Grenztruppen, ein Hundekopf, zu erkennen.

Soldaten der sowjetischen Grenztruppen in Mittelasien (oben).

Rumänische Grenzsoldaten untersuchen an der rumänisch-sowjetischen Grenze einen Zug nach möglicherweise versteckten Flüchtlingen (links).

Ein Soldat der albanischen Grenztruppen als Wachposten an der jugoslawischen Grenze. Die Waffe ist ein in Rot-China nachgebauter sowjetischer Maschinenkarabiner, 7,62 mm, AK-47 (Kalaschnikow). (Rechte Seite)

Luftverteidigung

Auch die Luftverteidigung der Ostblockstaaten ist ununterbrochen im Einsatz. Ein sowjetisches Radargerät (Ostbezeichnung: Funkmeßgerät) P-50 im Einsatz (oben rechts). Flugzeugführer im Bereitschaftsdienst beim Schachspiel (oben links).
Ein sowjetischer Allwetterjäger vom Typ MiG-21 PF (FISHBED-D) vor dem Start zu einem Nachteinsatz (unten).

Die Berliner Mauer –
Ein ›antifaschistischer Schutzwall‹

Am 23. August 1961 ordneten die ostdeutschen Behörden mit Erlaubnis der sowjetischen Regierung den Bau der ›Berliner Mauer‹ an. Sie ließen damit das letzte Loch im ›Eisernen Vorhang‹ schließen, um die ständige Massenflucht aus Ostdeutschland nach West-Berlin zu unterbinden. Das zur Errichtung der Berliner Mauer bereitgestellte Material hätte zum Bau von vielen Tausenden Wohnungen gereicht. Die ›Berliner Mauer‹ stellt die Bankerotterklärung des kommunistischen Systems dar.

Zur Errichtung der Mauer und zur ›Sicherung der Bauarbeiten‹ wurden neben Verbänden der Nationalen Volksarmee auch Einheiten der ›Kampfgruppen der Arbeiterklasse‹ eingesetzt.

230
TAXI

Sowjetische Intervention in der Tschechoslowakei 1968

Am 21. August 1968 marschierten fünf Armeen des Warschauer Paktes überfallartig in einen verbündeten Staat, in die Tschechoslowakei, ein. Ein ungeheuerliches Ereignis, für das sich in der Geschichte kaum ein Beispiel finden läßt.

Die Folgen des Überfalls lassen sich auch heute, mehr als drei Jahre nach jenem Augusttag, noch nicht restlos absehen. Sicher ist, daß der ganze Warschauer Pakt durch die sowjetische Intervention in der Tschechoslowakei sehr viel von seinem inneren Wert verloren hat. Es erscheint überhaupt fraglich, ob das Bündnissystem noch große Belastungen aushalten kann.

Kampf- und Schützenpanzer der Sowjetarmee in den Straßen von Prag (linke Seite).
Ein sowjetischer Kampfpanzer vom Typ T-62 rollt an einer Kaserne der Tschechoslowakischen Volksarmee vorbei. Die Soldaten blieben über Weisung ihrer Regierung in der Kaserne und schauen dem Einmarsch der ›Bruderarmeen‹ zu (oben).

In den Straßen von Prag diskutieren Sowjetsoldaten mit sprachkundigen Tschechen. Die Pistole ersetzt alle Argumente, die es für den Überfall des Warschauer Paktes nicht geben kann. Die jungen Sowjetsoldaten sind in einer bedauernswerten Lage.

»Lieber hundert Jahre unter der russischen Knute, als einen Tag unter deutscher Herrschaft.«

Dr. Edvard Beneš

»Die Identität von Herrscher und Beherrschten ist ein bürgerliches Vorurteil.«

Wladimir I. Lenin

Sowjetische Truppen errichten mit einer Kanonenhaubitze, 122 mm, M-63, und mehreren Kampfpanzern in Prag eine Straßensperre (oben). Die tschechoslowakische Bevölkerung begnügt sich mit einem ›gewaltlosen Widerstand‹. Sie bemalen die Sowjetpanzer mit Hakenkreuzen und werfen vereinzelt auch Steine und Brandflaschen auf die Aggressoren (unten).

Zum ›gewaltlosen Widerstand‹ gehörte auch das Übermalen von Straßentafeln. Diese Maßnahme hat sowjetische Kolonnen infolge von Ausbildungsmängeln tatsächlich in die Irre geführt. Nur die behelfsmäßig angebrachte Tafel nach MOSKAU wurde nicht beachtet . . . (rechts).

Die Entscheidung über die Intervention in der ČSSR ist auch der sowjetischen Führung nicht leicht gefallen. Von den elf Mitgliedern des sowjetischen Politbüros stimmten sechs für den Einmarsch (Breschnew, Woronow, Kirilenko, Pelsche, Schelepin und Schelest) und fünf dagegen (Kossygin, Masurow, Podgorny, Poljanski und Suslow). Den sechs Befürwortern des Einmarsches wurden im Sommer 1971 tschechoslowakische Orden verliehen.

Verbände der ostdeutschen Nationalen Volksarmee kehren nach dem Einsatz in der Tschechoslowakei in ihre Standorte zurück. Die Teilnahme ostdeutscher Soldaten an der sowjetischen Intervention ist sogar innerhalb des Warschauer Paktes scharf kritisiert worden (unten).

Polen 1970

Die Unruhen in den polnischen Ostseestädten Danzig, Gdingen und Stettin haben im ganzen Ostblock schwere Erschütterungen hervorgerufen. Zum erstenmal haben sich im Dezember 1970 die Arbeiter gegen die kommunistische Ausbeutung und die schlechte Wirtschaftspolitik erhoben. Die kommunistischen Machthaber fürchten seither ähnliche Unruhen auch in anderen osteuropäischen Staaten.

Polnische Bereitschaftspolizei mit einem Schützenpanzer OT-64 (SKOT-2 A) im Einsatz in Stettin.

Katastropheneinsätze

Im Mai 1970 traten nach tagelangen schweren Regenfällen nahezu in ganz Rumänien die Flüsse aus den Ufern. Zur Hilfeleistung wurden auch rumänische Soldaten eingesetzt.

In der siebenbürgischen Stadt Karlsburg (Alba Julia) stehen Pioniere mit einem altösterreichischen Birago-Ponton (Zweiteiler) im Einsatz (links). Ein leichter Hubschrauber des sowjetischen Typs Ka-26 (HOODLUM) rettet im gleichen Gebiet einen Bauern aus seinem von den Wassermassen des Flusses Maros (Mureş) eingeschlossenen Haus (oben).

Bei Neusatz (Novi Sad) in der Batschka (Wojwodina) kämpfen jugoslawische Soldaten gegen das Hochwasser der Donau.

Arbeitseinsätze

In allen Ostblock-Armeen werden zahlreiche Soldaten laufend zu Arbeitsdiensten herangezogen.
Jugoslawische Soldaten arbeiten am Bau einer neuen Fernverkehrsstraße. Von 1945 bis 1970 hat die Jugoslawische Volksarmee etwa 9000 Brücken, 7000 Tunnel, 2400 km Straßen und 860 km Eisenbahn neu gebaut oder wiederhergestellt.

Zum Absprengen eines Hanges im Tal der Drina werden Pioniere der Jugoslawischen Volksarmee eingesetzt.

Polnische Soldaten beim Arbeitseinsatz in der Landwirtschaft (linke Seite oben) und in einem Kraftfahrzeug-Reparaturwerk (linke Seite unten).

Albanische Soldaten helfen beim Bau einer Landarbeitersiedlung (oben).

Vor der Entlassung aus dem Wehrdienst besuchen rumänische Soldaten einen Industriebetrieb, wo sie mit den Arbeitsbedingungen vertraut gemacht werden (nächste Seite).

TOS

Betrachtungen

»Die vernünftigste Strategie besteht darin, mit den Operationen so lange zu warten, bis die moralische Auflösung des Feindes den tödlichen Schlag ermöglicht.«

Wladimir I. Lenin

In den freien Staaten des Westens ist die Information der Öffentlichkeit über das Leben der Streitkräfte eine Selbstverständlichkeit. Jeder einzelne Bürger kann sich ein Urteil über die Landesverteidigung mit allen ihren Stärken und Schwächen bilden. Daß Presse, Rundfunk und Fernsehen überwiegend Nachteiliges aus dem militärischen Bereich verbreiten, wird ohne Widerspruch hingenommen.

Ganz anders ist es im Ostblock. Inländern wie Ausländern ist jeder Einblick in den militärischen Bereich verwehrt. *Das Bild der Streitkräfte wird nahezu ausschließlich von der Propaganda geprägt.* Glanzvolle Paraden sowie überschäumende Berichte von Truppenübungen und besonderen Leistungen wechseln mit meist drohenden Erklärungen der politischen und militärischen Führer.

Das alles muß ohne Kritik hingenommen werden, da jede Möglichkeit zum Überprüfen fehlt. Die östliche Wehrpropaganda fühlt sich infolgedessen so sicher, daß sie bisweilen geradezu ins Lächerliche abgleitet: noch nie ist etwa auch nur mit einem einzigen Wort über Schwierigkeiten oder Fehlschläge bei einem Manöver berichtet worden. Der kritische Beobachter muß sich daher die Frage vorlegen, warum die Armeen des Warschauer Paktes überhaupt noch üben, warum das viele Geld für die großen Manöver ausgegeben wird, wenn die Soldaten ohnedies schon perfekt ausgebildet sind?

Diese Manöverberichte treffen natürlich nicht zu. Da und dort lassen sie sich trotz aller Abschirmung doch nachprüfen. Dann stellt sich beispielsweise heraus, daß der »aus der Bewegung« durchgeführte Flußübergang von gepanzerten Großverbänden in jeder Weise — auch pioniertechnisch — vorbereitet war und die verblüffend kurze Zeit für das Einschwimmen einer Kriegsbrücke unter einmalig günstigen Bedingungen auf einem Wasserübungsplatz erzielt wurde . . .

Obwohl in einem Bildband nicht viele Worte angebracht sind, machen die besonderen Verhältnisse im Osten Europas doch einige Bemerkungen über den Warschauer Pakt und die Streitkräfte des Ostblocks erforderlich.

I. Der Warschauer Pakt

1. *Vertragsabschluß und Laufzeit*

Am 14. Mai 1955 unterzeichneten die Sowjetunion, Albanien, Bulgarien, Ostdeutschland, Polen, Rumänien, die Tschechoslowakei und Ungarn in Warschau den *›Vertrag über Freundschaft, Zusammenarbeit und gegenseitigen Beistand‹.*

Der offizielle Anlaß dafür war die ›Remilitarisierung Westdeutschlands‹ und die am 5. Mai 1955 erfolgte Aufnahme der Bundesrepublik Deutschland in die NATO. Am Tag des Warschauer Vertragsabschlusses gab es in der Bundesrepublik lediglich 17 000 Mann Bundesgrenzschutz, in Ostdeutschland hingegen eine als ›Kasernierte Volkspolizei‹ getarnte Armee in der Stärke von 110 000 Mann, dazu 34 000 Mann Grenzpolizei und bedeutende paramilitärische Verbände, die Betriebskampfgruppen. Ihr Aufbau wurde seit dem Arbeiteraufstand vom Juni 1953 mit allen Mitteln vorangetrieben.

Somit steckte bereits in der Präambel des Warschauer Vertrages ein arger Schönheitsfehler. Man versuchte ihn dadurch zu verdecken, daß die ostdeutschen Streitkräfte offiziell erst am 28. Januar 1956 in den Pakt aufgenommen wurden. Zehn Tage vorher, am 18. Januar 1956, hatte die ostdeutsche Volkskammer das ›Gesetz über die Schaffung der Nationalen Volksarmee und des Ministeriums für Nationale Verteidigung‹, natürlich einstimmig, angenommen. Tatsächlich hatten die ›Kasernierte Volkspolizei‹ und ihr Führungsstab lediglich einen neuen Namen erhalten. *Die Tarnung war gefallen.*

Der Artikel 11 des Warschauer Vertrages sieht eine *Laufzeit* von zwanzig Jahren vor. Vertragsstaaten, die das Bündnis zu diesem Zeitpunkt verlassen wollen, haben dies ein Jahr vor dem Ablauf des Vertrages der polnischen Regierung mitzuteilen. Wird eine solche Erklärung nicht abgegeben, bleibt der Vertrag für den betreffenden Staat weitere zehn Jahre in Kraft. Der Austritt aus dem Warschauer Pakt ist somit an Fristen gebunden.

Die Praxis kennt allerdings auch andere Formen: *Albanien* trat formell aus dem Warschauer Pakt aus. Die albanische Regierung kündigte am 12. September 1968 den Vertrag, sechs Jahre vor dem Ende der zwanzigjährigen Laufzeit. Der Vertragstext sieht einen solchen Schritt nicht vor, verbietet ihn aber auch nicht ausdrücklich. Die übrigen Staaten des Warschauer Paktes haben zu diesem Vorgehen Albaniens keine Erklärung abgegeben.

Als jedoch Ende Oktober 1956 der ungarische Ministerpräsident Imre Nagy den Austritt seines Landes aus dem Warschauer Pakt erklärte und beabsichtigte, *Ungarn* zu einem neutralen Staat nach dem Muster Österreichs zu machen, gab dies den Ausschlag zur sowjetischen Intervention.

Das Netz der Verträge

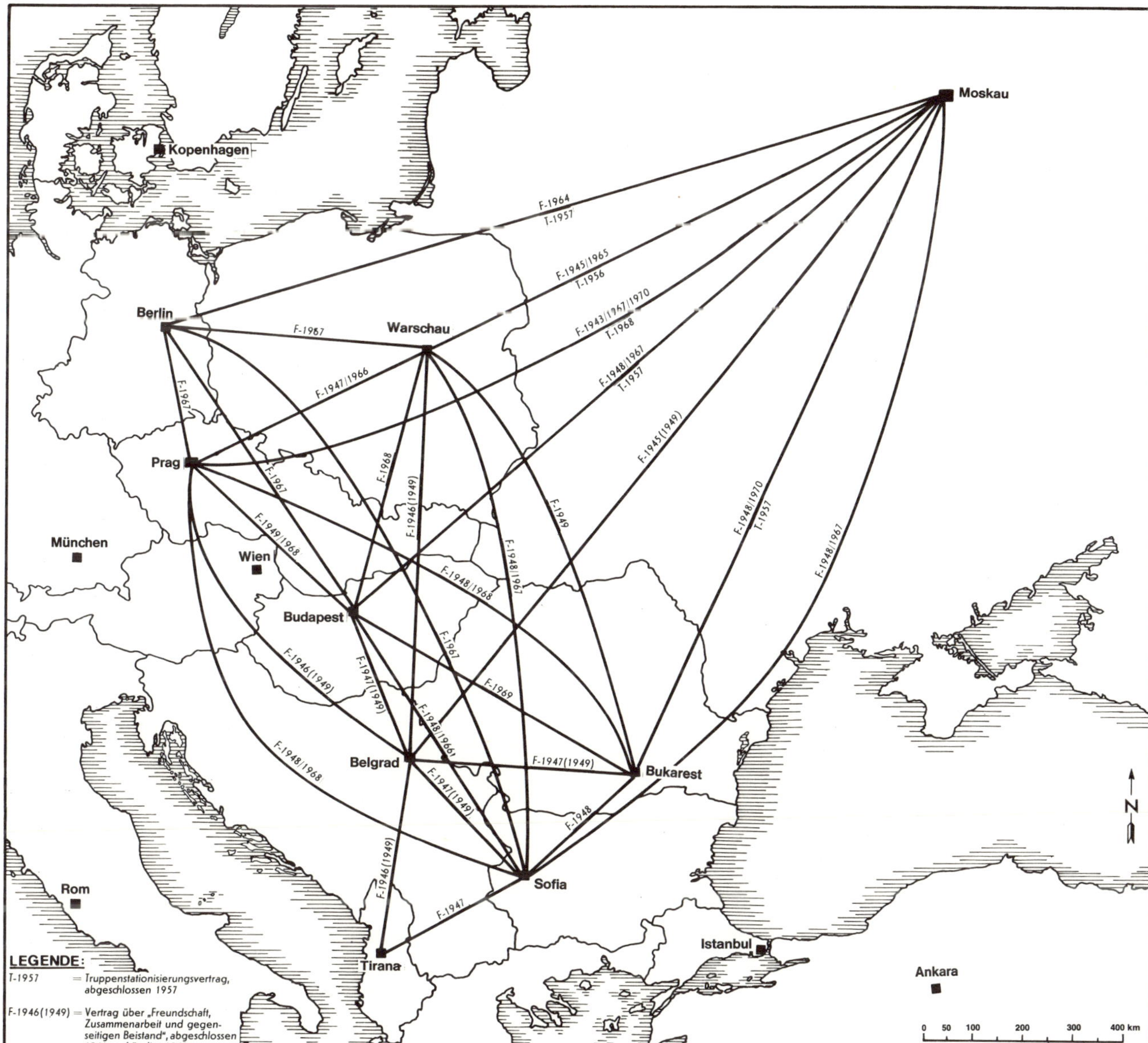

2. Die Hintergründe des Vertrages

Im Verhältnis zwischen den acht Vertragsteilnehmern besaß der Warschauer Pakt von Anfang an keinen materiellen Wert. Ihm kann lediglich eine gewisse deklamatorische Bedeutung zugemessen werden. Oder anders ausgedrückt: *der Abschluß des Warschauer Vertrages hat keine Verbindung neu geschaffen, die nicht schon längst bestanden hätte.* Die Sowjetunion hatte mit den übrigen sieben Paktstaaten schon vor 1955 eine Reihe von zweiseitigen Verträgen abgeschlossen. Die kleineren Paktstaaten ergänzten sie durch zahlreiche entsprechende Abkommen.

Wenn der Abschluß des Warschauer Paktes rechtlich belanglos war, so kommt der Auflösung des Vertrages ebensowenig Bedeutung zu. *Die Sowjetunion hat auch nach 1955 für den zielstrebigen Ausbau ihres Vertragssystems gesorgt.* Somit liegt die Vermutung nahe, daß der Warschauer Pakt überhaupt nur als *Tauschobjekt für eine Auflösung der NATO* geschaffen wurde. Ein solcher Tausch wäre für den Westen ein sehr schlechtes Geschäft: während die NATO die einzige rechtliche Bindung der Atlantischen Gemeinschaft darstellt, *würde eine ›Auflösung‹ des Warschauer Paktes an den bestehenden Verhältnissen in Osteuropa überhaupt nichts ändern.*

3. Die zweiseitigen Verträge

Die ersten *›Verträge über Freundschaft, Zusammenarbeit und gegenseitigen Beistand‹* wurden zwischen der Sowjetunion und den Ostblockstaaten sowie zwischen einzelnen Ostblockstaaten bereits während des Zweiten Weltkrieges oder kurz nach Kriegsende mit einer Laufzeit von zwanzig Jahren abgeschlossen. Dem Bruch zwischen Belgrad und Moskau folgte 1949 die Kündigung der sechs mit Jugoslawien abgeschlossenen Verträge.
Die wirtschaftlichen Bestimmungen dieser zweiseitigen Verträge wurden 1949 mit der Gründung des ›Rates für gegenseitige Wirtschaftshilfe‹ (COMECON), die militärischen 1955 mit dem Abschluß des Warschauer Paktes in mehrseitigen Abkommen zusammengefaßt. Die älteren Abmachungen mündeten in die zwischen 1964 und 1970 wieder für zwanzig Jahre abgeschlossenen neuen Verträge.
Eine besondere Stellung nimmt *der am 5. Mai 1970 zwischen der Sowjetunion und der Tschechoslowakischen Sozialistischen Republik abgeschlossene Vertrag* ein. In seinem Artikel 5 erklären die Vertragspartner »ihre unerschütterliche Entschlossenheit, auf dem Weg zum Aufbau des Sozialismus und Kommunismus voranzuschreiten und die notwendigen Maßnahmen zu ergreifen, um die sozialistischen Errungenschaften der Völker zu verteidigen«. Mit dieser Erklärung soll offensichtlich die Intervention vom 21. August 1968 nachträglich gebilligt, die Breschnew-Doktrin anerkannt und ein Vorwand für weitere Interventionen geschaffen werden.
Auch diese Bestimmung ist eine Überlagerung. Sowohl aus dem Warschauer Vertrag als auch aus den zweiseitigen ›Verträgen über Freundschaft, Zusammenarbeit und gegenseitigen Beistand‹ läßt sich ein Interventionsrecht ableiten.

Große Bedeutung kommt den *Truppenstationierungsverträgen* zu, die die Sowjetunion mit folgenden Staaten abgeschlossen hat:
— mit *Polen* am 17. Dezember 1956,
— mit *Ostdeutschland* am 12. März 1957,
— mit *Rumänien* am 15. März 1957,
— mit *Ungarn* am 27. Mai 1957 und
— mit der *Tschechoslowakei* am 16. Oktober 1968.

Die Truppenstationierungsverträge mit Polen, Ostdeutschland und Rumänien sind für die Dauer des Aufenthaltes der Sowjettruppen in diesen drei Staaten befristet. Das Abkommen mit Rumänien ist daher mit dem Abzug der sowjetischen Truppen aus diesem Land im Sommer 1958 erloschen. Im Vertrag mit Ungarn blieb die Laufzeit bereits unbegrenzt. Die mit der ČSSR getroffene Vereinbarung spricht von einem »zeitweiligen Aufenthalt sowjetischer Truppen« in der Tschechoslowakei »zur Sicherung der sozialistischen Staatengemeinschaft angesichts der sich verstärkenden Bestrebungen der westdeutschen militärischen Kräfte«. Damit ist auch die Laufzeit dieses Vertrages nicht begrenzt.

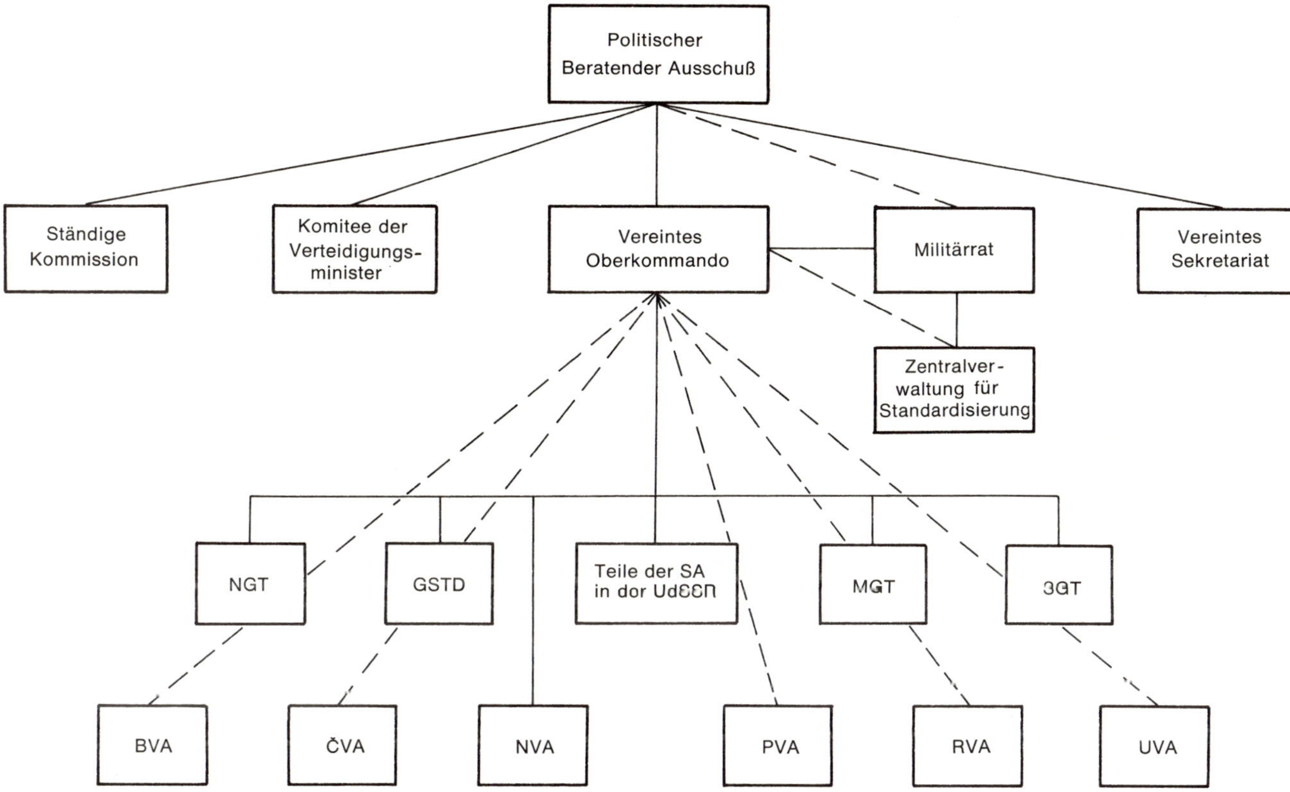

Die Führungsgliederung des Warschauer Paktes

Der *›Politische Beratende Ausschuß‹* ist aus Regierungsvertretern gebildet und stellt das oberste Organ des Warschauer Paktes dar. Ihm obliegt die Leitung der Gesamt-Organisation auf politischem und wirtschaftlichem Gebiet. Der ›Politische Beratende Ausschuß‹ entscheidet auch über den Eintritt des Bündnisfalles. Bisher sind jedoch alle wichtigen Entscheidungen durch die Regierungschefs und die Parteiführer getroffen worden.
Das *›Vereinte Sekretariat‹* erledigt die laufende Arbeit und hält die Verbindung mit dem COMECON aufrecht. Nachgeordnet sind mehrere ›Kommissionen‹, darunter auch je eine für Forschung, Rüstung und Logistik.
Die *›Ständige Kommission‹*, ein Hilfsorgan des ›Politischen Beratenden Ausschusses‹, ist für Fragen der Außenpolitik und der Abrüstung zuständig. Mitglieder sind die Stellvertretenden Außenminister der sieben Paktländer.
Im ›Komitee der Verteidigungsminister‹ führt der sowjetische Verteidigungsminister den Vorsitz.
Der ›Militärrat‹ hat in Fragen der Planung und der operativen Führung ein Mitspracherecht. In ihm sind alle Staaten des Warschauer Paktes vertreten. Den Vorsitz führt Sowjetmarschall Jakubowski. Nachgeordnet ist die ›Zentralverwaltung für die Standardisierung von Waffen und Gerät sowie für Ausbildung‹.
Das *›Vereinte Oberkommando‹* führt die Streitkräfte des Warschauer Paktes. Es wird dabei vom *›Stab des Vereinten Oberkommandos‹* unterstützt. Der Oberbefehlshaber des Warschauer Paktes ist immer einer der ›Ersten Stellvertretenden Verteidigungsminister der Sowjetunion‹; die Verteidigungsminister der übrigen sechs Paktstaaten sind *›Stellvertretende Oberbefehlshaber der Streitkräfte des Warschauer Paktes‹*.

4. *Die Organisation des Warschauer Paktes*

In der Führungsgliederung des Warschauer Paktes begannen sich 1969/70 einige wesentliche Änderungen abzuzeichnen. Ihr Umfang und ihre Auswirkungen sind noch nicht abzuschätzen.
Nachdem jahrelange Versuche zur Aufstellung ›Vereinigter Streitkräfte des Warschauer Paktes‹ am Wider-

stand der kleineren Mitgliedstaaten, vor allem Rumäniens, gescheitert waren, beschritt die Sowjetunion Zug um Zug einen anderen Weg zur Gleichschaltung der ›Bruderarmeen‹. Bereits 1969 wurden zwei neue Ausschüsse der Paktorganisation gebildet:
— das ›*Komitee der Verteidigungsminister*‹ und
— der ›*Militärrat*‹.
Formell erhielten dadurch die fünf kleineren Mitglieder ein stärkeres Mitspracherecht in der Führung des Warschauer Paktes. Als Gegenleistung gewährten sie dem ›Vereinten Oberkommando‹ einen größeren Einfluß auf die nationalen Streitkräfte.
Unabhängig von der militärischen Führungsgliederung hat sich die Sowjetunion ihren Einfluß auf die kleineren Armeen des Warschauer Paktes auf mehreren, voneinander unabhängigen Wegen gesichert:
a) über die sowjetischen Militärmissionen in den einzelnen Paktstaaten;
b) über die sowjetischen Berater, die in den Streitkräften der Paktstaaten in wechselndem Umfang und mit verschiedenen Dienststellungen vorhanden sind;
c) über die Kommunistische Partei, der in den Armeen des Warschauer Paktes ein hoher Prozentsatz aller Offiziere und Unteroffiziere angehört;
d) über den Staatssicherheitsdienst, dessen Arm bis in die Streitkräfte reicht.
Partei und Staatssicherheitsdienst erhalten in allen Pakt-Staaten in wichtigen Angelegenheiten ihre Weisungen unmittelbar aus Moskau.

5. *Die Zusammenarbeit innerhalb des Warschauer Paktes*

Der Warschauer Pakt kennt jene enge Verbindung, die für die Zusammenarbeit der Armeen der NATO-Staaten kennzeichnend ist, bis heute nicht. Kameradschaftliche Beziehungen zwischen den einzelnen Armeen, persönliche Kontakte über längere Zeit oder Freundschaften zwischen den Soldaten sind äußerst selten. Das dienstliche Zusammentreffen verläuft in starren Formen.
Diese Entwicklung ist nicht zuletzt durch die Sprachschwierigkeiten herbeigeführt worden. Dem Russischen kommt im Warschauer Pakt keineswegs die gleiche überragende Stellung zu wie der englischen Sprache in der NATO. In den kleineren Warschauer-Pakt-Staaten spricht die ältere Generation nur höchst mangelhaft Russisch. Die jüngere lernt auch im Ostblock viel lieber Englisch oder Deutsch als Russisch, weil sie auf Kontakte mit dem Westen hofft. Der Russisch-Unterricht ist schon deshalb weithin unbeliebt, weil er unter einem gewissen Zwang erfolgt. Dies hat dazu geführt, daß auf manch einer Besprechung des Warschauer Paktes — vor allem im Südosten — Deutsch gesprochen wird.

Die Verbindungen laufen nicht von einer Armee zur anderen, sondern in jedem einzelnen Fall über die Führungsspitze in Moskau. Dieser merkwürdige Zustand wird nicht einmal durch ein räumliches Naheverhältnis, durch das Vorhandensein von sowjetischen Garnisonen in vier Staaten des Warschauer Paktes, gemildert.
Gruppenaufnahmen von Soldaten mehrerer ›Bruderarmeen‹ sind stets von der Propaganda gestellt. Um wenigstens nach außen hin das peinliche Nebeneinander etwas zu verdecken, erhielt das zum fünfzehnjährigen Bestehen des Warschauer Paktes im Herbst 1970 in Ostdeutschland abgehaltene gemeinsame Manöver den Namen ›Waffenbrüderschaft‹. Die Art, in der dann die Massenmedien in Osteuropa monatelang pflichtschuldig den Zusammenhalt der Paktarmeen betont haben, hat mehr enthüllt als verdeckt.
In den ersten Jahren nach dem Abschluß des Warschauer Vertrages beschränkte sich das Gemeinsame auf die *Ausbildung der höheren Führer und der Führergehilfen an den Schulen der Sowjetarmee.* Es handelte sich dabei vor allem um die starre Ausrichtung aller Führungsstäbe auf sowjetische Grundsätze, um das Auslöschen jedes Restes nationaler Eigenheiten. Während die NATO die Führungstradition jeder ihrer Armeen sorgsam pflegt und sich darum bemüht, die verschiedenen Auffassungen auf einen Nenner zu bringen — was unter vielen Schwierigkeiten auch gelungen ist —, führten die Sowjets eine rücksichtslose Gleichschaltung durch.

Auch die *Integration* ist anders geartet als bei der NATO: dem ›Vereinten Oberkommando des Warschauer Paktes‹ in Moskau sind friedensmäßig lediglich die 32 sowjetischen Divisionen in Mitteleuropa sowie die sechs ostdeutschen Divisionen unterstellt. Möglicherweise verfügt es noch über eine Reihe weiterer sowjetischer Divisionen in den westlichen Militärbezirken Rußlands. Die unmittelbare Unterstellung der NVA-Divisionen stellt mehr eine Beschränkung der ostdeutschen Souveränität als eine Integrationsmaßnahme dar.

Die gemeinsame Luftverteidigungsorganisation kann nicht als weiteres Beispiel dienen. Die moderne Technik verlangt zwingend nach einer großräumigen Organisation. Auf diesem Führungsgebiet sind die fünf kleineren Staaten des Warschauer Paktes daher vollständig in das sowjetische System integriert.

Die militärische Führung haben die Sowjets nirgendwo aus der Hand gegeben. Im ›Vereinten Oberkommando des Warschauer Paktes‹ in Moskau sind alle Schlüsselstellen mit sowjetischen Offizieren besetzt. Die Oberkommandos in Mitteleuropa sind sowjetische Führungsstäbe für die Truppen im Ausland. Da die übrigen Paktstaaten über keine vergleichbaren Kommandobehörden verfügen, fällt im Bündnisfall diesen sowjetischen Stäben die Führung aller Truppen zu.

Vereinzelt sind — vor allem von Rumänien — Versuche unternommen worden, *mehr Einfluß auf die militärische Führung der Paktstreitkräfte* zu gewinnen. Die Sowjetunion ließ sich hier aber keinerlei Zugeständnise abringen.

Die Zusammenarbeit von Verbänden mehrerer Mitglieder des Warschauer Paktes begann im größeren Umfang erst 1962. Bedeutung erlangten vor allem folgende *gemeinsame Manöver:*

Darüber hinaus fanden von 1963 ab noch mehrere kleinere gemeinsame Truppenübungen vor allem im Donauraum und in Böhmen statt.

Die im Frühjahr und Sommer 1968 abgehaltenen Stabsrahmen-, Fernmelde-, Truppen- und Versorgungsübungen gehören nicht hierher. Sie dienten eindeutig der Vorbereitung der sowjetischen Intervention in der Tschechoslowakei.

Anfang 1970 dürfte bei der sowjetischen Führung die Absicht bestanden haben, *›Vereinigte Streitkräfte des Warschauer Paktes unter einem integrierten Oberkommando‹* aufzustellen. Armeegeneral Schtemenko, der Generalstabschef des Warschauer Paktes, erörterte diesen Plan im Januar 1970 in der Armeezeitung ›Roter Stern‹, ohne allerdings nähere Angaben über Auftrag, Art und Stärke dieser Verbände zu machen. Im Hintergrund standen vermutlich Erfahrungen, die bei der sowjetischen Intervention in der Tschechoslowakei im August 1968 gewonnen worden waren. Gegen diesen Plan trat vor allem der Generalsekretär der Kommunistischen Partei Rumäniens, Nicolae Ceauşescu, auf. Bei einer Kommandeurtagung auf der Militärakademie in Bukarest erklärte er im Februar 1970: »Es ist in keiner Weise denkbar, daß die rumänische Partei und Regierung irgendeinen, wenn auch noch so kleinen, Teil des Rechtes auf das Kommando und die Leitung der Streitkräfte abtritt.« Der Sowjetunion dürfte diese Frage nicht wichtig genug gewesen sein, um aus ihr einen weiteren Streitfall zwischen den Mitgliedern des War-

Zeitraum	Name	Raum	Teilnehmer
September 1963	›Quartett‹	Sachsen	Sowjetunion, Ostdeutschland, Polen, Tschechoslowakei
Oktober 1965	›Oktobersturm‹	Thüringen	Sowjetunion, Ostdeutschland, Polen, Tschechoslowakei
September 1966	›Moldau‹	Südböhmen	Sowjetunion, Ostdeutschland, Tschechoslowakei, Ungarn
September 1969	›Oder-Neiße 69‹	Pommern, Mecklenburg	Sowjetunion, Ostdeutschland, Polen, Tschechoslowakei
Oktober 1970	›Waffenbrüderschaft‹	Ostdeutschland	alle Paktarmeen*
August 1971	›Opal 71‹	Ungarn	Sowjetunion, Ungarn, Tschechoslowakei

* mit stärkeren Verbänden nahmen nur die Sowjetunion, Ostdeutschland, Polen und die Tschechoslowakei teil. Bulgarien, Rumänien und Ungarn stellten lediglich symbolische Abordnungen.

schauer Paktes entstehen zu lassen. Sie verfolgte das Projekt nicht weiter und stellte es in der ›Krasnaja Svesda‹ als »Mißverständnis einiger westlicher Nachrichtenagenturen bei der Auslegung des Schtemenko-Artikels« dar.

6. Die Truppen des Warschauer Paktes

Die Großverbände, Verbände und Einheiten aller Mitglieder des Warschauer Paktes sind nahezu *einheitlich nach sowjetischem Vorbild* gegliedert. Abweichungen gibt es eigentlich nur bei den Gebirgstruppen.

Kennzeichnend sind geringe Personalstärke und ein hoher Anteil an Offizieren. Die ungefähren Soll-Stärken betragen:

	Offiziere	Unteroffiz. Mannschaft.	Panzer-fahrzeuge	Kraft-fahrzeuge
Panzer-division	920	8 200	700	2 000
MotSchützen-division	1 000	10 300	800	2 150

Die von Haus aus sehr geringen Stärken sind in den letzten zehn Jahren noch gekürzt worden. 1962 war die Panzerdivision nicht ganz 10 000 Mann, die MotSchützendivision fast 12 000 Mann stark.

Die Gliederungen zeigen, daß die Personaldecke auch im Bereich des Warschauer Paktes zu kurz geworden ist. An die Stelle der aus Menschenmassen gebildeten ›Dampfwalzen‹ des Ersten und Zweiten Weltkrieges ist die *›Lawine aus Stahl‹* getreten. Diese Entwicklung stellt eine zwangsläufige Folge der Änderung der Wirtschaftsstruktur dar. Aus der modernen Industrie können nicht mehr so viele Arbeitskräfte abgezogen werden wie früher aus der Landwirtschaft. Reserven an Arbeitskräften stehen in nennenswertem Ausmaß nicht zur Verfügung. Die Frauen sind heute im Osten bereits friedensmäßig nahezu restlos in den Arbeitsprozeß eingegliedert. Was im Falle einer Mobilmachung zu den Streitkräften eingezogen werden kann, reicht knapp zum Auffüllen der Rahmenverbände und als Reserve für den Ausgleich der ersten Verluste.

Allerdings darf nicht übersehen werden, daß die Diktaturen des Ostens der Bevölkerung weit größere Opfer, Entbehrungen und Einschränkungen auferlegen können, als dies in den freien Gesellschaftsordnungen des Westens möglich ist. In einem längeren Krieg können den Streitkräften sicherlich größere Personalbestände zugeführt werden.

Von den 140 Divisionen der Sowjetarmee dürften
— 70 bis zu 80 %,
— 35 rund 40 bis 50 % und
— 35 knapp 10 %
der Personal-Sollstärke besitzen. Bei den kleineren Mitgliedern des Warschauer Paktes ist es ähnlich.

Die Divisionen sowjetischer Gliederung verfügen im Verhältnis zu ihrer Personalstärke über eine *außerordentlich hohe Feuer- und Stoßkraft*, jedoch über keine *ausreichende Regenerationsmöglichkeit* und damit über *keine lange Lebensdauer.*

Die Armeen des Warschauer Paktes sind somit ausschließlich für einen Blitzkrieg, der unter dem Einsatz von taktischen und strategischen Atomwaffen geführt wird, gerüstet.

Neben vielen anderen Mängeln hat die sowjetische Intervention in der Tschechoslowakei am 21. August 1968 auch die *Schwächen dieser Organisationsform* offenbart: nach drei bis vier Tagen Einsatz war die sowjetische Truppe am Ende ihrer körperlichen Kräfte. In den Verbänden kam auf drei bis vier Soldaten ein Fahrzeug, das gefahren, gewartet und 24 Stunden hindurch bewacht werden mußte, dazu waren nervenbelastende Einsätze gegen die Zivilbevölkerung durchzuführen, nächtliche Streifen zu laufen, Plakate abzureißen und anderes mehr. Länger als vier Tage hält das auch der Sowjetrusse nicht aus.

Es besteht die Möglichkeit, daß die sowjetische Führung glaubt, das fehlende Fußvolk durch den *›Aufstand der unterdrückten Arbeitermassen‹* ersetzen zu können, der nach ihrer Auffassung eintritt, wenn die Sowjetarmee die Grenzen überschreitet. Obwohl die Tschechoslowakei 1968 bereits eindeutig das Gegenteil bewiesen hat, dürfte diese Auffassung wegen der mangelhaften Auslandskenntnis und des weit verbreiteten Wunschdenkens bei den Spitzen von Staat, Partei und Armee immer noch Anhänger haben. Diese Fehlbeurteilung könnte für die freie Welt gefährlich werden. Die Verbrechen der zahlenmäßig verschwindend kleinen Gruppen von Linksextremisten und Anarchisten in den Staaten des

Westens sind mit friedensmäßigen Mitteln nur schwer zu bekämpfen. Sie täuschen eine Stärke vor, die nicht im entferntesten vorhanden ist.

Auch auf *materiellem Gebiet* ist die Lage nicht so gut, wie sie von der sowjetischen Wehrpropaganda unausgesetzt dargestellt wird. Eine einheitliche Ausrüstung ist für alle Verbände des Warschauer Paktes mit Sicherheit nicht vorhanden. Modern ausgerüstet sind die Masse der 32 sowjetischen Divisionen in Mitteleuropa sowie ein Teil der in den westlichen Militärbezirken der Sowjetunion stehenden Großverbände und die Mehrzahl der Divisionen der kleineren Mitglieder des Warschauer Paktes. Bei den übrigen Divisionen wird viel älteres Gerät verwendet, teilweise sind die MotSchützen immer noch nur motorisiert.

Die sowjetische Intervention in der Tschechoslowakei am 21. August 1968 hat auch hier einige Einblicke gewährt, die nachdenklich stimmen: so waren an der Donaubrücke bei Preßburg zum Luftschutz sowjetische Flugabwehrbatterien mit je sechs 57-mm-Geschützen und nur einem Feuerleitradar eingesetzt. Im Westen werden zwei, höchstens drei Geschütze an ein solches Gerät angeschlossen.

Über den *Ausbildungsstand der Truppen des Warschauer Paktes* ist nur schwer ein Urteil zu gewinnen, weil es im Gegensatz zum Westen am erforderlichen Einblick in den Alltag des Soldaten fehlt. Er ist, trotz der längeren Dienstzeit, sicherlich nicht höher als in den Verbänden der NATO. Vieles deutet darauf hin, daß er im Durchschnitt sogar erheblich niedriger liegt. Eine Reihe von Bildern, die doch in jedem Fall von der Zensur freigegeben wurden, läßt große Ausbildungsmängel erkennen. Es kann auch gar nicht anders sein,

- weil infolge der geringen Personalstärke die einzelnen Soldaten mehrere Tätigkeiten lernen müssen,
- weil ein erheblicher Teil der Dienstzeit zum Arbeitseinsatz in der Wirtschaft (Industrie, Landwirtschaft, Straßenbau usw.) verwendet wird,
- weil nicht zuletzt ein Großteil der Soldaten des Warschauer Paktes bildungsmäßig geringere Voraussetzungen mitbringt als die Rekruten im Westen, und
- weil sehr viel Zeit für den Polit-Unterricht sowie für Propaganda und Agitation aufgewendet wird.

Diesen Nachteilen steht als wesentlicher Vorteil die Ausrichtung des ganzen öffentlichen Lebens auf die Streitkräfte gegenüber. Zersetzende Einflüsse sind auf ein unerhebliches Maß beschränkt. Der Dienst in den Streitkräften wird bei jeder Gelegenheit als patriotische Pflicht und als Aufgabe für jeden Mann gepriesen.

Die *Versorgungsführung* stützt sich weitgehend auf die Eisenbahn. Aus der Sowjetunion führen mindestens acht gut ausgebaute Eisenbahn-Transportstraßen nach Ostdeutschland, weitere vier — allerdings weniger leistungsfähige — Bahnen in den Donauraum. Sie werden durch ein Pipelinesystem und den Seetransport ergänzt. Über die Ostsee können jährlich etwa 800 000 BRT transportiert werden, auf der Donau verkehren Küstenfrachter bis Budapest.

Für die Sowjetarmee gilt immer noch die vor hundert Jahren von Moltke aufgestellte Faustregel, daß jede Operation auf Nachschubschwierigkeiten stößt, wenn sie sich mehr als 100 km vom Eisenbahnendpunkt entfernt. Der größeren Leistungsfähigkeit der Lkw-Kolonnen steht ein ungleich höherer Versorgungsbedarf der Truppe gegenüber. Lkw-Transportraum ist im Ostblock außerdem knapp.

Bei der sowjetischen Intervention in der Tschechoslowakei im August 1968 zeigten sich die größten Schwächen bei der Versorgung. Als nach vier Tagen die Truppenausstattung verbraucht war, litten viele Verbände empfindlichen Mangel, besonders an Verpflegung. Die schleppende Arbeitsweise der tschechoslowakischen Eisenbahner hatte den Nachschub gelähmt. Die wenigen Hubschrauber, über die die Interventionstruppen verfügten, mußten ausschließlich zum Überwinden von Versorgungsengpässen eingesetzt werden. *Überdies zeigte es sich, daß aus einem sozialistischen Land nicht einmal die Sowjetarmee leben kann.*

7. Die sowjetischen Truppen in Mitteleuropa

Seit der sowjetischen Intervention in der Tschechoslowakei stehen je sechzehn Panzer- und MotSchützendivisionen sowie eine Artillerie- und neun Fliegerdivisionen ständig in Mitteleuropa. Sie sind in folgende vier Gruppen zusammengefaßt:

- *Gruppe sowjetischer Truppen in Deutschland (GSTD)* mit dem Stab in Wünsdorf bei Berlin. Die GSTD verfügt über fünf Armeestäbe, einen Luftflottenstab und je zehn Panzer- und MotSchützendivisionen sowie über eine Artilleriedivision. Stärke: etwa 410 000 Mann, 6000 Panzer und 850 Einsatzflugzeuge.

— *Gruppe Nord (NGT)* mit dem Stab in Liegnitz. Die NGT sichert vor allem die Versorgungslinien für die GSTD. Sie verfügt über zwei bis drei Divisionen, die zum Teil nur aus Geräteeinheiten bestehen. Außerdem befinden sich etwa 250 sowjetische Einsatzflugzeuge in Polen.

— *Gruppe Mitte (MGT)* mit dem Stab in Milovice bei Prag. Die MGT besteht aus je drei Panzer- und Mot-Schützendivisionen sowie aus zwei Fliegerdivisio-

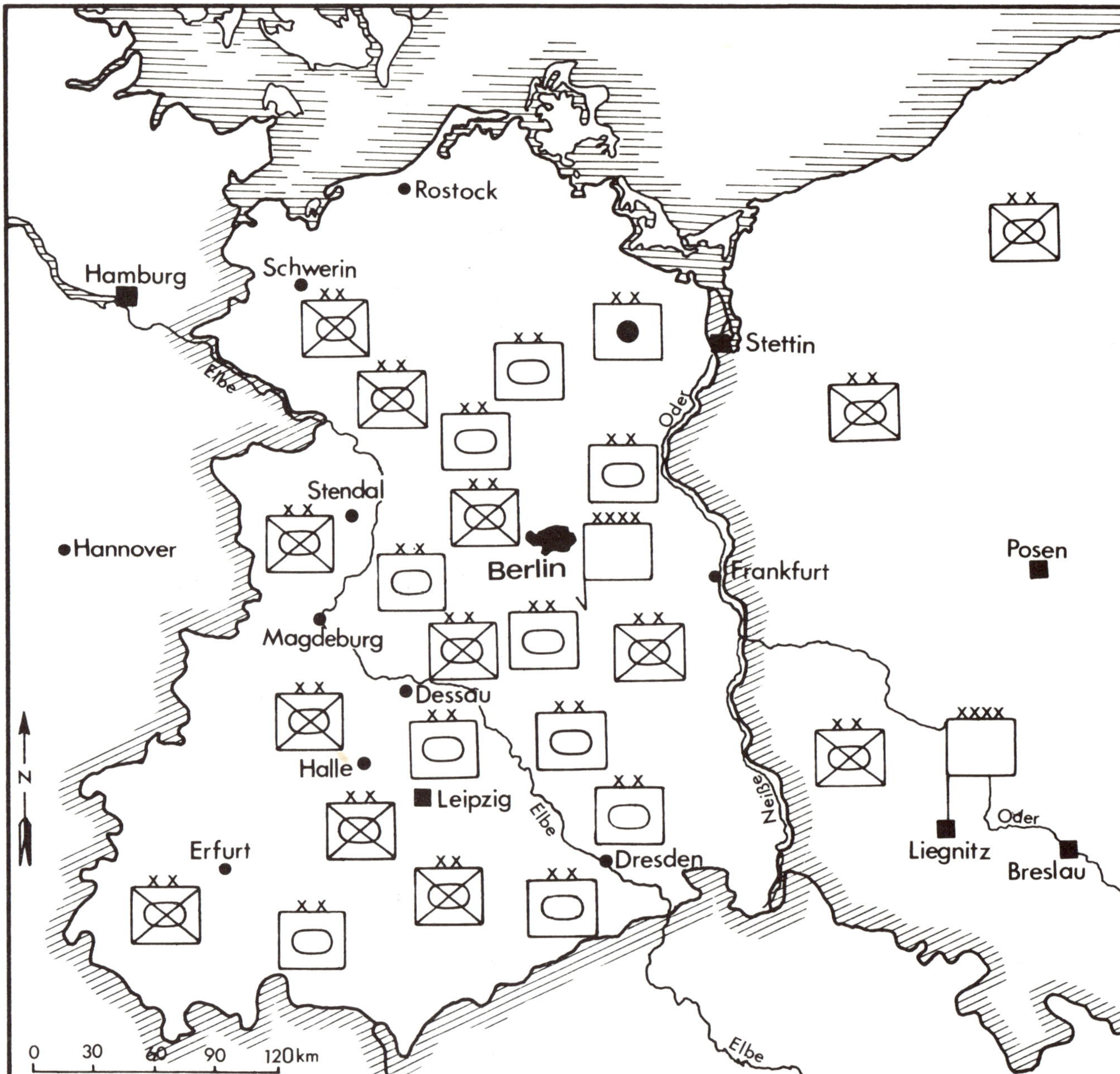

Standorte der Armeen und Divisionen der GSTD und der NGT

nen. Stärke: etwa 70000 Mann, 1800 Panzer und 400 Einsatzflugzeuge. Die Versorgungsbasis liegt im Raum Kaschau in der Ostslowakei.

— *Gruppe Süd (SGT)* mit dem Stab in Budapest-Mátyásföld. Die SGT umfaßt je zwei Panzer- und MotSchützendivisionen sowie eine Fliegerdivision. Stärke: etwa 70000 Mann, 1200 Panzer und 250 Einsatzflugzeuge. Die Versorgungsbasis liegt in Nordostungarn, im Raum Debrecen.

Bei allen vier Gruppen der sowjetischen Truppen im Ausland befinden sich Führungs-, Verfügungs- und Versorgungstruppen in anteilmäßiger Stärke.
Die sowjetischen Truppen in Mitteleuropa bilden den Kern der ›Ersten Strategischen Staffel des Warschauer Paktes‹. Vor allem die GSTD, bei der sich etwa 30 Prozent aller sowjetischen Panzertruppen befinden, wird bevorzugt mit neuem Gerät ausgestattet. *Die Verbände besitzen 100 Prozent der materiellen und rund 80 Prozent der personellen Stärke.* Sie können im Rahmen der üblichen Personalbewegungen jederzeit rasch und unauffällig aufgefüllt werden. Die lange Dienstzeit und die Tatsache, daß die sowjetischen Soldaten im Ausland im allgemeinen nicht zu Wirtschaftseinsätzen (Erntehilfe, Straßenbau) herangezogen werden, kommen einer gründlichen Ausbildung zugute. Sofern die übliche Vorwarnung erfolgt ist, beträgt die *Alarmierungszeit nur zwei Stunden.* Vier bis zehn Stunden nach dem Alarm können die gefechtsmäßig gegliederten und voll ausgerüsteten operativen Großverbände die Grenzen nach Westen und Süden überschreiten.
Das Leben der sowjetischen Truppen im Ausland ist hart. Kein Soldat darf während seiner zweijährigen Dienstzeit die Kaserne allein verlassen. Bei sehr guten dienstlichen Leistungen werden ihm am Sonntag die Sehenswürdigkeiten des Gastlandes gezeigt, natürlich in Gruppen und unter Führung von Offizieren. Dann und wann geht es auch Lkw-weise zum Baden. Ältere Unteroffiziere und Offiziere brauchen zum Verlassen der Kaserne einen für den Einzelfall ausgestellten, zeitlich und räumlich einengenden Passierschein. Das gilt auch für Stabsoffiziere. Die Sonderzüge der tschechoslowakischen Staatsbahnen, mit denen sowjetische Soldaten und ihre Angehörigen aus dem Versorgungs-

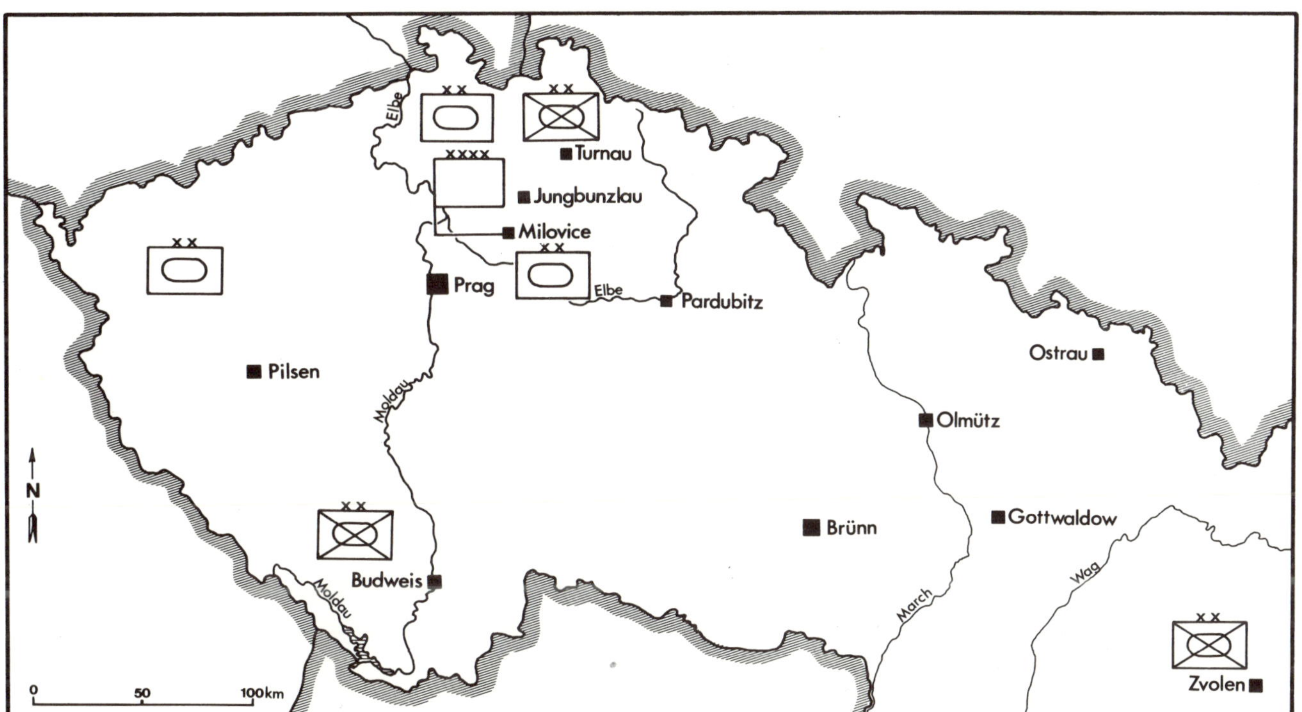

Standorte der Divisionen der MGT

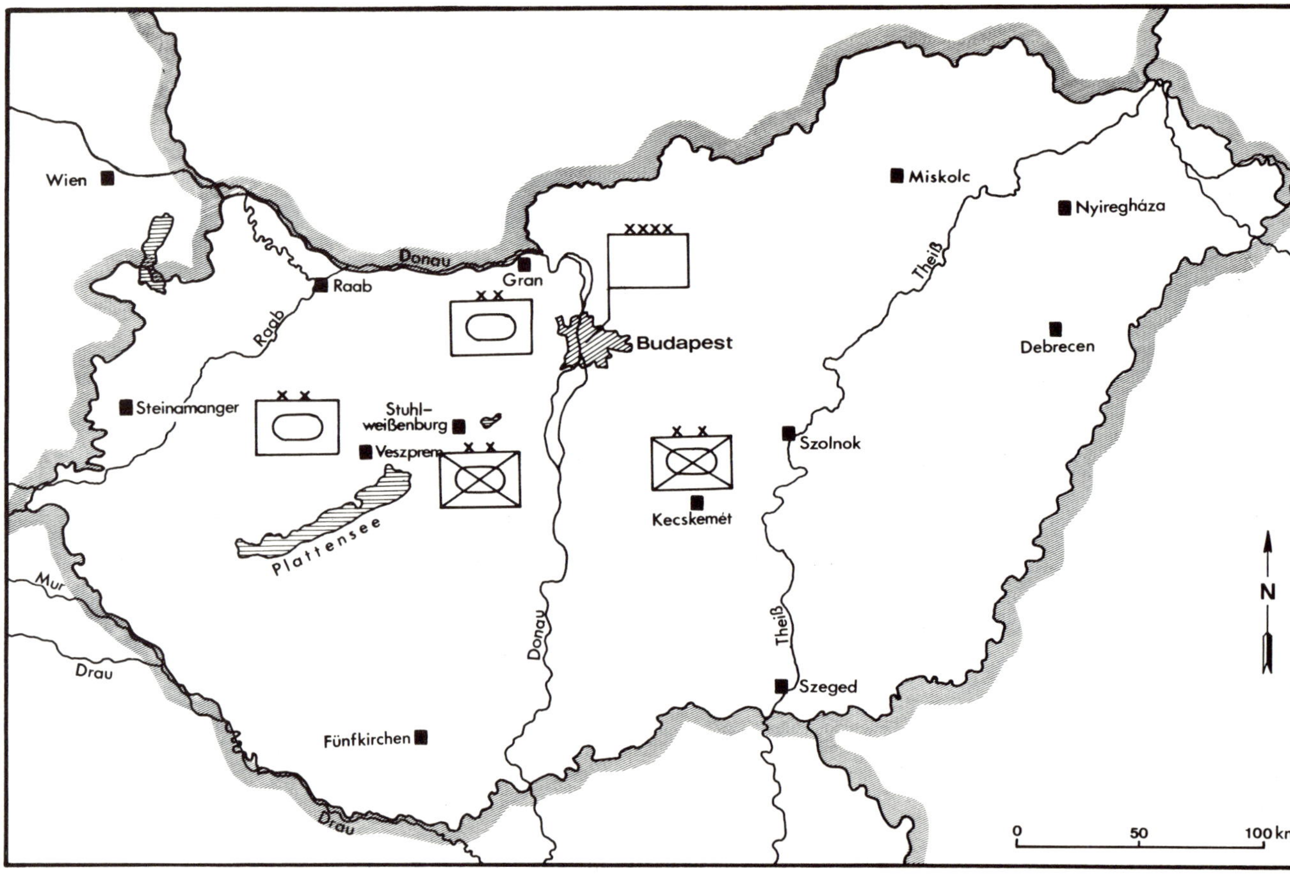

Standorte der Divisionen der SGT

raum Kaschau zum Stabsquartier Milovice bei Prag reisen, sind versiegelt. In den Kasernen, in denen auch die Familienangehörigen der verheirateten Soldaten wohnen, gibt es Offizierheime und Kantinen, Theater, Kinos, Klubs, Bibliotheken, Lesezimmer und Sportanlagen.

Unter diesen Umständen kommen persönliche Kontakte zur Bevölkerung und zu den Streitkräften des Stationierungslandes lediglich durch Partei- oder Staatsinitiativen zustande. Nur sehr selten sind sie eng und dauerhaft. *Die Verbrüderung des Einzelnen mit den Bürgern des Gastlandes wird von sowjetischer Seite ebensowenig gewünscht wie ein tieferer Einblick in die Lebensverhältnisse, die immer noch bedeutend besser sind als in der Sowjetunion.* Der Besuch einer Sportveranstaltung oder gar einer Gastwirtschaft des Gastlandes ist daher völlig undenkbar.

Die vier Gruppen der sowjetischen Truppen im Ausland sind die eisernen Klammern, die das ›sozialistische Lager‹ zusammenhalten. Sie verbürgen nicht nur die ›unerschütterliche Treue‹ jener Länder, in denen sie stationiert sind, sondern können jederzeit auch auf die ›Bruderländer‹ einwirken, wie es sich bei der sowjetischen Intervention in der Tschechoslowakei am 21. August 1968 gezeigt hat.

Die Stationierungsräume sind aber auch operativ außerordentlich bedeutsam:

— die GSTD steht mitten in der *norddeutschen Tiefebene* auf halbem Weg zur Atlantikküste;
— die MGT hält sich zum Stoß in den *süddeutschen Raum* bereit, von dem aus einerseits die Südflanke des in Norddeutschland geführten Hauptstoßes gedeckt sowie auf den *Tiroler und Schweizer Raum* mit den wichtigen *Alpenübergängen* eingewirkt werden kann;
— der SGT eröffnen sich alle operativen Möglichkeiten

der *pannonischen Tiefebene:* im Osten gegen das unbotmäßige *Rumänien,* im Süden gegen das abgesprungene *Jugoslawien* und im Westen gegen das neutrale *Österreich.* Der wichtige *Eisenbahn- und Straßenknotenpunkt Wien* liegt nur zwei Marschstunden vor den vordersten sowjetischen Standorten. Als Fernwirkung trennt die SGT die NATO-Befehlsbereiche Europa-Mitte und Europa-Süd. Denn es kann keinen Zweifel darüber geben, daß die SGT unverzüglich marschiert, wenn ein NATO-Soldat österreichischen Boden betritt, um die Alpenübergänge zu öffnen.

Ein feiner Unterschied muß noch erwähnt werden: in Polen, in der Tschechoslowakei und in Ungarn achtet die sowjetische Führung sorgsam darauf, daß ihre Truppen im Straßenbild möglichst wenig in Erscheinung treten. Der Bevölkerung soll offenbar die Tatsache der Besetzung ihres Landes nicht auf Schritt und Tritt vor Augen geführt werden. In Ostdeutschland ist es anders, hier zeigt die Sowjetarmee ihre Anwesenheit wann und wo immer es möglich ist. Eine Äußerlichkeit macht dies noch deutlicher: bei der NGT, MGT und SGT tragen die sowjetischen Militärfahrzeuge keine Hoheitsabzeichen; bei der GSTD hingegen ziert das auffallende, rotweiße Abzeichen der Sowjetarmee jeden einzelnen Wagen. *Polen, Tschechen und Slowaken sowie Ungarn, die noch immer nicht jede Hoffnung verloren haben, konstruieren daraus einen feinen Unterschied zwischen ›Gaststreitkräften‹ und ›Besatzungstruppen‹.*

Abzeichen der Sowjetarmee – CA mit rotem Stern

8. Die Stärke des Warschauer Paktes

Die militärische Stärke des Warschauer Paktes läßt sich in Zahlen ausreichend genau errechnen. Sie sind aber nicht entscheidend. Mindestens ebenso wichtig ist *der innere Wert der Verbände.* Dieser ist nur schwer zu beurteilen. Fest steht lediglich, daß es zwischen den Armeen des Warschauer Paktes aus den verschiedensten Gründen bedeutende Wertunterschiede gibt. Mit dieser Feststellung sollen die soldatischen Qualitäten der osteuropäischen Völker keinesfalls in Zweifel gezogen werden. Sie haben sich in den Fährnissen einer langen Geschichte durchwegs hervorragend bewährt.

Wieviel der Warschauer Pakt nach dem 21. August 1968 überhaupt noch wert ist, dürften heute nicht einmal die sowjetischen Führer wissen. So lange die Sowjetunion außenpolitische Erfolge, wie die Bonner Ostverträge, hat und ihr Führungssystem in Mitteleuropa aufrechterhalten kann, werden die kleineren Länder mitgehen. Sobald es aber zu stärkeren Belastungen kommt, werden sie sich neu zu orientieren versuchen. Das war immer so und wird immer so bleiben. Anders können diese kleinen Völker nicht überleben.

Der revolutionäre Schwung des Marxismus-Leninismus ist längst dahin. Ein System, das den Materialismus predigt und gerade auf wirtschaftlichem Gebiet seit fünf Jahrzehnten versagt, besitzt keine Ausstrahlungskraft. Die Bevölkerung in Osteuropa weiß, daß ihre Wirtschaft langsamer wächst als die ›kapitalistische‹ im Westen, daß der Abstand immer größer statt kleiner wird. Lenins Prognose vom Überholen des Westens hat sich als Traum erwiesen. Heute sprechen die sowjetischen Führer nicht einmal mehr vom ›Einholen‹, sie versprechen nur noch eine ›Verbesserung der Versorgungslage‹.

Keine Unruhe im Osten hat deshalb die Führung von Partei und Staat in *allen* sozialistischen Ländern so sehr getroffen wie die Arbeiterunruhen vom Dezember 1970 in den jetzt polnischen Ostseehäfen. Seither steht der Aufstand der unterdrückten und auf einem niedrigen Lebensstandard gehaltenen Massen als Flammenzeichen vor ihren Augen.

Diese Furcht dürfte Rückwirkungen auf die Politik haben. Um den Lebensstandard heben zu können, müßten die Mittel dafür aus der Rüstung oder von den Abenteuern im Vorderen Orient, die Milliarden verschlingen, genommen werden. Die mehr als fragwürdigen und zum Großteil bereits verlorenen Investitionen in den arabischen Staaten gehen auf Kosten jedes einzelnen Menschen im gesamten Sowjetbereich. Diese Entwicklung könnte zu einer vorübergehenden Entspannung führen. Sie kann aber auch gefährlich werden, wenn die östlichen Machthaber nämlich glauben, all das, was sie nicht produzieren können, mit Gewalt holen zu müssen.

Offen bleibt die Frage, wie lange sich eine solche Gesellschaftsordnung unverändert halten kann. Welche Umwälzungen wird es in Osteuropa geben und wie werden sie erfolgen? Niemand kann es vorhersagen.

Auch *die militärische Macht des Warschauer Paktes* ist nicht unbegrenzt. Im Gegenteil, die operativen Möglichkeiten sind nicht allzu groß. Dem Warschauer Pakt stehen einschließlich der Rahmenverbände alles in allem 200 Divisionen von unterschiedlichem Wert zur Verfügung.

Warschauer Pakt	Panzer-divisionen	Mot-Schützen-divisionen	Luftlande-divisionen	Summe
Sowjetunion	43	90	7	140
Bulgarien	2	9	—	11
Ostdeutschland	2	4	—	6
Polen	5	9	1	15
Rumänien	1	8	—	9
Tschechoslowakei	4	8	—	12
Ungarn	2	5	—	7
Summe	59	133	8	200

Von diesen Kräften ist die *›Erste Strategische Staffel des Warschauer Paktes‹* in der Stärke von rund 100 Divisionen, darunter etwa 35 Panzerdivisionen, bereits friedensmäßig gegen Westeuropa aufmarschiert. Diesen 100 Großverbänden kann die NATO zwischen der Ostsee und den Alpen 26 wesentlich kampfkräftigere Divisionen entgegenstellen.

Somit reicht die militärische Stärke des Warschauer Paktes nicht aus, um Westeuropa mit konventionellen Kampfmitteln in einem ›Blitzkrieg‹ zu überrennen. Dazu müßten Atomwaffen eingesetzt werden. Mit dem Atomkrieg ist jedoch ebenso wie mit einem längerdauernden konventionellen Krieg ein bedeutendes und nicht kalkulierbares Risiko verbunden.

Ein militärischer Angriff dürfte derzeit auch nicht im politischen Interesse der Sowjetunion liegen. Ihr geht es jetzt vor allem um die Erhaltung des Status quo und um die Festigung ihrer Vorherrschaft in Osteuropa. Dieses Ziel muß nicht unbedingt in passiver und defensiver Weise erreicht werden. Im Gegenteil: wo immer sich in den Randzonen der Atlantischen Gemeinschaft — vom Mittelmeer bis zum Nordkap — Schwächen zeigen, wird die Sowjetunion versuchen einzubrechen. Dies wird vor allem überall dort erfolgen, wo die Amerikaner abzuziehen beginnen. In Mitteleuropa kann dieser politische Druck auch durch den Einsatz ›begrenzter militärischer Machtmittel‹ herbeigeführt oder verstärkt werden. Zu den ›begrenzten militärischen Machtmitteln‹ zählen sogar atomare Gefechtsfeldwaffen, wenn für die Sowjets Grund zur Annahme besteht, daß ihr Einsatz keinen amerikanischen Gegenschlag auslöst. *Tiefe Einbrüche, die auf diese Weise im westlichen Abwehrraum entstehen, können bei späteren Verhandlungen wertvolle Faustpfänder darstellen.*

Für einen Angriff auf den Ostblock, oder auch nur auf eines seiner Teilgebiete, ist die NATO zu schwach. Die Südgruppe des Warschauer Paktes im Donauraum ist überhaupt nicht bedroht. Die seit vielen Jahren mit großem Propagandaaufwand immer wieder aufgestellten Behauptungen über eine Bedrohung des »sozialistischen Lagers durch die kapitalistischen, militaristischen und revanchistischen Kräfte im Westen, vor allem in der Bundesrepublik Deutschland« wird sich mit dem Fortschreiten der Entspannungspolitik kaum mehr aufrechterhalten lassen. Damit fällt aber die letzte ideologische Klammer des Warschauer Paktes.

In diesem Zusammenhang darf nicht übersehen werden, daß alle bisherigen Schwierigkeiten des Warschauer Paktes nicht von außen, sondern ausschließlich von innen gekommen sind. Es waren neben nationalen Spannungen und wirtschaftlichen Problemen vor allem die Unzufriedenheit breiter Bevölkerungsschichten mit den politischen Verhältnissen. Der Westen hat sich stets in einem erstaunlichen Umfang zurückgehalten. Das war 1953 in Ostdeutschland nicht anders als 1956 in Ungarn und Polen, 1961 beim Bau der Berliner Mauer und 1968 in der Tschechoslowakei.

Zusammenfassend kann festgestellt werden:

a) Die militärische Stärke des Warschauer Paktes reicht kaum aus, um die NATO im ersten Anlauf zu überrennen.
b) Die Führung des Warschauer Paktes hat jederzeit die Möglichkeit, durch räumlich und zeitlich be-

grenzte Unternehmen die NATO in eine schwierige politische und militärische Lage zu bringen.

c) Alle bisherigen Schwierigkeiten kamen aus dem Innenverhältnis des Warschauer Paktes.
d) Mit der Zeit dürften die Bindungen der Mitglieder des Warschauer Paktes immer schwächer werden.
e) Hand in Hand mit dieser Entwicklung wird sich der sowjetische Druck auf die kleineren Vertragspartner erhöhen. Das führt zwangsläufig zu einer Verstärkung der auflösenden Tendenzen.

9. Der Warschauer Pakt als Mittel der sowjetischen Politik

Bei der Verwendung ihrer Streitkräfte im Rahmen der Politik hat die Sowjetunion eine wahre Meisterschaft entwickelt. Wie wir gesehen haben, liegt die Bedeutung des Warschauer Paktes mehr auf politischem als auf militärischem Gebiet. Die Wirksamkeit des Vertrages erstreckt sich demnach sowohl auf das Innenverhältnis der Mitgliedstaaten als auch auf die sowjetisch geführte Außenpolitik.

Im *Innenverhältnis* leitet die Sowjetunion ihre Theorie von der »beschränkten Souveränität sozialistischer Staaten«, also die ›Breschnew-Doktrin‹, auch aus dem Warschauer Pakt ab. Sie läßt sich ebenso aus anderen Verträgen ableiten. Daß die Sowjetunion offiziell das Bestehen der ›Breschnew-Doktrin‹ leugnet, ist verständlich. Es kann aber keinen Zweifel darüber geben, daß sie seit dem August 1968 in der kommunistischen Rechtsordnung ihren festen Platz hat. Nicht umsonst wird sie von Jugoslawien und Rumänien immer wieder abgelehnt.

Die *Außenpolitik der Sowjetunion* ist schon seit längerer Zeit auf die Festigung des Besitzstandes in Mittel- und Osteuropa gerichtet. Sie wird dabei in einer außerordentlich aggressiven Form geführt. Als Nahziele sind zu erkennen:

— Verringern des amerikanischen Einflusses in Europa;
— Isolieren der Bundesrepublik Deutschland;
— Ausnützen von Lücken im westlichen Machtgefüge, um immer neue Positionen zu gewinnen.

Jeder Erfolg auf diesen Gebieten stärkt zugleich die Stellung der Sowjetunion im ›sozialistischen Lager‹ und vergrößert das sowjetische Übergewicht in Europa. Um die Generallinie zu wahren, betont die Sowjetunion immer wieder die Wichtigkeit einer gemeinsamen Außenpolitik des Warschauer Paktes.

Einige wesentliche Schritte dieses Weges hießen:

— *›Auflösung der Machtblöcke‹;*
— *›Entspannungspolitik‹:* sie führte bereits zu den Verträgen der Bundesrepublik Deutschland mit der Sowjetunion und mit Polen, die eine Anerkennung des Besitzstandes auf sehr billige Weise einbrachten;
— *›Europäische Sicherheitskonferenz‹:* ihre Tagungen werden der Sowjetunion ungeahnte Propagandamöglichkeiten eröffnen und ohne jede Gegenleistung die Anerkennung Ostdeutschlands durch alle Konferenzteilnehmer zur Folge haben;
— *›Truppenreduzierung in Mitteleuropa‹:* da sie *›ausgewogen‹* überhaupt nicht durchgeführt werden kann, liegt der militärische Vorteil eindeutig bei der Sowjetunion; als Nebenwirkung kann sich dabei eine wesentliche Verringerung der Rüstungskosten ergeben, die dem Osten etwas aus seiner schwierigen wirtschaftlichen Lage helfen könnte.

Die ›Truppenreduzierung‹ bietet die Möglichkeit, die Hintergründe der sowjetischen Vorschläge an einem Beispiel aufzuzeigen. Verhandlungen über dieses Thema sind mit keiner Gefahr für den sowjetischen Besitzstand verbunden. Unter Ausnützen der bestehenden Eisenbahn- und Straßenverbindungen können innerhalb von zwei Wochen aus den Militärbezirken im Westen der Sowjetunion über 60 Divisionen mit ihren anteiligen Führungs-, Verfügungs- und Versorgungstruppen nach Mitteleuropa zugeführt werden.

Zeitraum	nach Ostdeutschland	in die CSSR	nach Ungarn
1. bis 7. Tag	14	6	6
8. bis 12. Tag	18	4	4
13. bis 14. Tag	6	2	2
Insgesamt	38	12	12

Dieser Zeitraum läßt sich noch verkürzen, wenn einzelne Divisionen schon vorher im Sickermarsch nach Westen verlegt werden. Solche Marschbewegungen sind, ebenso wie weiträumige Verlegungen, bei allen

Das osteuropäische Eisenbahnnetz

gesowjetischen Manövern der letzten Jahre gründlich geübt worden.

Weitere Möglichkeiten bietet der *Lufttransport*, der nach kurzer Vorbereitung den Sprungeinsatz von zwei und die Anlandung von drei sowjetischen Divisionen in einer Welle über etwa 1 000 km gestattet. Diese Luftlandedivisionen würden allerdings nur über eine gekürzte Ausstattung an Kraftfahrzeugen verfügen.

Dennoch verläßt sich die Sowjetunion nicht allein auf ihre militärischen Möglichkeiten. Sie strebt Verträge an, die sie vor dem Nachdrängen des Westens in die allenfalls verdünnten Zonen sichert.

II. Die Mitglieder des Warschauer Paktes

Bei der politischen und militärischen Bedeutung der Mitglieder des Warschauer Paktes gibt es keine so großen Unterschiede wie zwischen den Staaten der NATO. Neben der Führungsmacht Sowjetunion besitzen die übrigen Mitgliedstaaten kein Mitspracherecht und nahezu keinen außenpolitischen Spielraum. Je länger dieser Zustand dauert, desto unerträglicher wird er von den Völkern Osteuropas empfunden. Überdies trägt die Anwesenheit von sowjetischen Truppen in vier Ländern des Warschauer Paktes zwangsläufig zur Verschlechterung des Innenverhältnisses bei.
Dazu kommt, daß sich die kleinen Völker in Ost-Mitteleuropa mit Nachdruck zur europäischen Völkerfamilie zählen. Sie sind überzeugt, daß an ihren Ostgrenzen, besser gesagt an ihren ehemaligen Ostgrenzen, auch die europäische Kultur endet. Tatsächlich stoßen in diesen Gebieten zwei Kulturräume zusammen. Wer etwa je den Sbrutsch überschritten hat, die alte Ostgrenze des österreichischen und später polnischen Galizien, und die Zivilisationsunterschiede beiderseits des Flusses sehen konnte, wird diese Auffassung verstehen. Aus dieser Einstellung ist auch die Tatsache zu erklären, daß in den Staaten des Ostblocks alles, was aus Rußland kommt, von der Bevölkerung zunächst mit Mißtrauen betrachtet wird.

1. Die Sowjetunion

Je größer der zeitliche Abstand zur kommunistischen Machtergreifung im Oktober 1917 wird, desto mehr geht vom revolutionären Schwung verloren, desto stärker tritt die Tradition der zaristischen Außenpolitik in Erscheinung. Bereits am Ende des Zweiten Weltkrieges hatte die Sowjetunion die alte russische Westgrenze erreicht und in einigen Abschnitten überschritten. Heute faßt sie in den europäischen Randmeeren — in der Ostsee und im Mittelmeer — Fuß und dringt auf den sieben Weltmeeren immer weiter vor. Ziele, um die sich die Zaren jahrhundertelang vergeblich bemüht haben, sind erreicht. Aus dem Traum von einer ›besseren Welt‹ ist ein Großmachtstreben geworden.
Diese expansive Außenpolitik findet in dem zu Irrationalem neigenden russischen Volk ihren festen Rückhalt. Das orthodoxe Sendungsbewußtsein des alten Rußland hat sich längst mit den revolutionären Thesen des Kommunismus zu einem mystischen Weltbeglückungsglauben verbunden. Erschreckt mußte der Westen feststellen, daß die sowjetische Intervention in der Tschechoslowakei am 21. August 1968 — der reinste Akt des

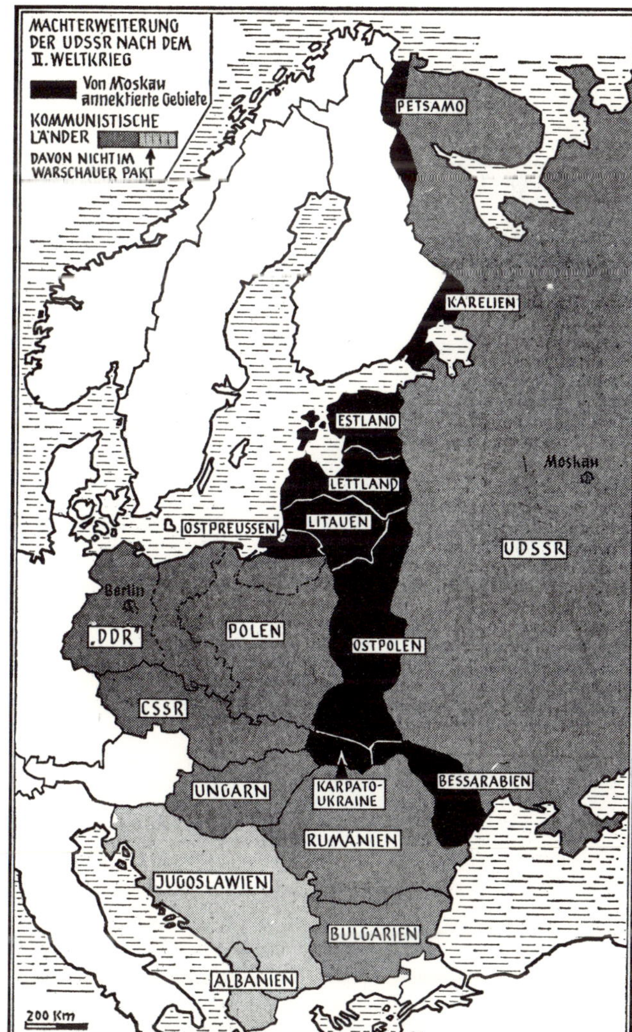

Moskaus expansive Politik nach Westen
(Skizze aus ›Die Welt‹, 10. 11. 1971)

Imperialismus seit Jahrzehnten – vom russischen Volk nahezu ohne Widerspruch hingenommen wurde.
Auf dem Gebiet der Außenpolitik gibt es daher in der Sowjetunion keine Differenzen zwischen Bevölkerung und Regierung. Die schwierigen Probleme liegen vor allem im wirtschaftlichen Bereich. Es ist zwar gelungen, aus dem erst in einem frühen Stadium der Industrialisierung befindlichen zaristischen Rußland den zweitgrößten Industriestaat der Welt zu machen, der nach den Sternen greift. Die Bedürfnisse der Bevölkerung konnten bisher jedoch in keiner Weise befriedigt werden.
Die moderne Volkswirtschaftslehre hat längst die Untauglichkeit der Planwirtschaft für die Befriedigung der wichtigsten Bedürfnisse des Menschen erkannt. Die sowjetischen Führer wissen das, aber sie sind nicht in der Lage, das zum Dogma erhobene System zu ändern. Sie sind längst Pragmatiker geworden und scheuen vor jeder größeren Änderung zurück, da diese lawinenartige Folgen haben und die ›neue Klasse‹ entthronen könnte.

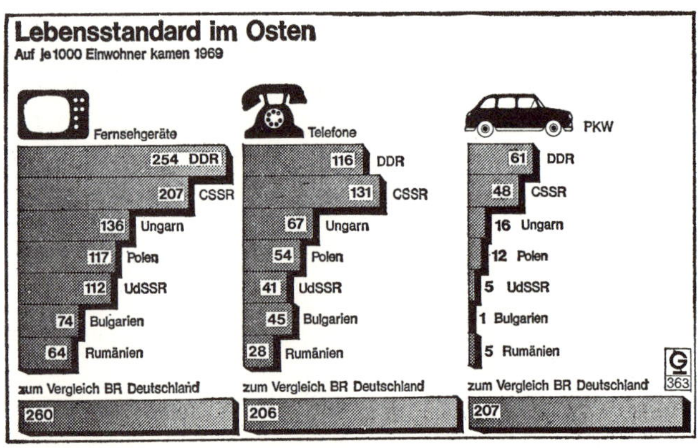

Wirtschaftsvergleich Ost – West
(aus ›Salzburger Nachrichten‹, 25. 8. 1971)

Die Unterschiede von Land zu Land sind im Osten bedeutend größer als innerhalb der EWG. So kommen in Ostdeutschland 61 Pkw auf 1 000 Einwohner, zwölfmal soviel wie in der Sowjetunion. In der EWG dagegen beträgt der Vorsprung der höchstmotorisierten Franzosen (235 Pkw auf je 1 000 Einwohner) vor den am niedrigsten motorisierten Italienern (167) nur rund 40 %. Während sich in der EWG der Lebensstandard der Mitgliedsländer annähert, wachsen im Osten die Unterschiede. Das mag nicht zuletzt ein Grund dafür sein, daß es im COMECON trotz der ideologischen Verklammerung offenbar schwerfällt, eine der EWG vergleichbare Wirtschaftsgemeinschaft zu bilden.

Seit dem Tode Lenins fehlt dem Weltkommunismus eine profilierte Persönlichkeit, die über die nötige Einsicht und die erforderliche Autorität verfügt, um das verfehlte Wirtschaftssystem von Grund auf zu ändern. Alle ›Wirtschaftsreformen‹ endeten bisher in Halbheiten, die überdies sehr bald wieder rückgängig gemacht wurden.

Eine Analyse der im März 1971 auf dem XXIV. Parteitag der KPdSU abgegebenen Erklärungen zeigt, daß sich die Wachstumsrate der sowjetischen Wirtschaft in den nächsten zehn Jahren verlangsamen wird. *Der wirtschaftliche Abstand zum Westen wird somit nicht kleiner, im Gegenteil, er vergrößert sich zusehends.*
Trotz der schwierigen Wirtschaftslage besteht die militärische Führung der Sowjetunion auf dem Vorrang der Schwerindustrie, die hauptsächlich Rüstungsaufträge zu erfüllen hat. Die Sowjetarmee lehnt auch jede Dezentralisierung der Wirtschaftsverwaltung ab.
Die sowjetische Führungsschicht lebt heute in der Furcht vor dem Aufstand der Arbeitermassen, der aus dem Mangel an den wichtigsten Versorgungsgütern, der Enge des Lebens und dem Fehlen jeder Freizügigkeit entstehen könnte. Sie weiß nicht, wie lange sich der Sowjetbürger noch durch Erfolge in der Außenpolitik und in der Raumfahrt sowie durch die Parteipropaganda von seinen natürlichsten Interessen ablenken lassen wird.

2. *Die Nordgruppe des Warschauer Paktes*

a) Allgemeines

Der Karpatenbogen teilt die sechs kleineren Staaten des Warschauer Paktes nicht nur geographisch in eine Nord- und eine Südgruppe. Das Gebirge scheidet auch Politik und Mentalität.
Die drei Staaten im Norden bilden das ›Eiserne Dreieck‹, dessen Eckpunkte die Städte Warschau, Prag und Ost-Berlin bilden. Polen, Böhmen und der Osten des alten Deutschen Reiches können auf eine lange Geschichte zurückblicken, in der die dort ansässigen Völker ihre staatsbildende und staatstragende Kraft unter Beweis gestellt haben. Allen drei gemeinsam sind aber auch viele Irrwege, die zu mancher nationalen Katastrophe geführt haben, die sich bei einiger Einsicht vielleicht

hätte vermeiden lassen. Heute leiden sie dieselbe Not, gleichgültig, ob sie zu den Siegern oder Besiegten der beiden Weltkriege gehören.

b) Ostdeutschland

Von allen Staaten des Ostblocks leidet Ostdeutschland am meisten unter den Folgen des Zweiten Weltkrieges. Der jahrelange Bombenkrieg und die Kampfhandlungen der letzten Kriegsmonate sowie die nahezu vollständige Demontage der Industrie- und Verkehrsbetriebe durch die sowjetische Besatzungsmacht haben das Land in einen wirtschaftlichen Abgrund gestürzt. Gebietsverluste im Osten und der Eiserne Vorhang im Westen zerrissen alle historischen und traditionellen Verbindungen.

In den letzten 25 Jahren wurde aus der sowjetischen Besatzungszone der ›Erste Arbeiter- und Bauernstaat der deutschen Geschichte‹. Politisch eine Fehlentwicklung — der Bau der Berliner Mauer am 13. August 1961 stellt die Bankrotterklärung des ostdeutschen Regimes dar —, wirtschaftlich zweifellos ein begrenzter Erfolg. Die Deutschen haben damit bewiesen, daß sie sogar mit einem verfehlten Wirtschaftssystem beachtenswerte Leistungen erzielen können.

Die Bevölkerung hat sich mit den gegebenen politischen und wirtschaftlichen Verhältnissen abfinden müssen. Im Laufe der Jahre ist sogar so etwas wie ein nationales Selbstbewußtsein entstanden, das sich auf die Wirtschaftserfolge gründet. Was die Ostdeutschen denken und fühlen, läßt sich erahnen, wie sie sich im Falle einer Belastung verhalten würden, weiß niemand.

Außerordentlich hoch ist in Ostdeutschland der Grad der Militarisierung. Während die Bundesrepublik von 10000 Bürgern jeweils 83 bei der Bundeswehr und beim Bundesgrenzschutz unter Waffen hat, marschieren in Ostdeutschland 290 von jeweils 10000 Einwohnern in der Volksarmee und in den paramilitärischen Organisationen. Die Rüstungslast beträgt je Einwohner im Westen 368 Mark, im Osten Deutschlands jedoch 775 Mark.

Die Sowjetunion kann Ostdeutschland, das zu einer Hauptstütze der Wirtschaft im ganzen Warschauer Pakt geworden ist, nicht mehr freigeben, selbst wenn sie die Absicht dazu hätte. Die Folge davon wären höchstwahrscheinlich schwerste Erschütterungen im ganzen Ostblock. Ohne die ostdeutschen Erzeugnisse wäre zum Beispiel die sowjetische Raumfahrt kaum möglich und die ganze Luftfahrt — die militärische wie die zivile — im jetzigen Umfang unvorstellbar.

Die Ostdeutschen sind bei den anderen Völkern des Ostblocks unbeliebt. Vielerorts weckt ihre an die Deutsche Wehrmacht erinnernde Uniform unangenehme Reminiszenzen. Ihr technischer Vorsprung und ihre wirtschaftlichen Leistungen machen sie zu oft zu Lehrmeistern, eine Rolle, die sie nicht immer mit dem erforderlichen Takt zu spielen verstehen.

c) Polen

Die Tragödie der polnischen Geschichte hat sich bis in unsere Tage fortgesetzt. Obwohl Polen zu den Siegern beider Weltkriege zählt, hat es gelitten wie kaum ein anderes Land in Europa. 1914/17 wie 1941/45 wurde der Krieg zwischen dem Deutschen Reich und Rußland auch auf polnischem Gebiet ausgefochten. Den Kämpfen von 1918/20 und 1939 folgte die fünfte Teilung Polens und eine überaus harte, jahrelange Besatzung. Der Warschauer Aufstand vom August und September 1944 schlug fehl; dem Land wurde eine kommunistische Regierung aufgezwungen, die mit den Problemen des Landes bis heute nicht fertiggeworden ist. Da die Sowjetunion schon 1944 den nach dem Ersten Weltkrieg verlorenen Ortsteil Polens wieder in Besitz nahm, mußten Staat und Volk um 200 km nach Westen wandern, wieder in eine Ungewißheit. Unermeßliches Leid hat das polnische Volk im zwanzigsten Jahrhundert ertragen müssen. Wieviel Schuld an diesem Ablauf der Ereignisse polnische Politiker trifft, ist hier unerheblich. Zweimal, 1956 und 1970, ist es zu offenem Aufruhr gekommen. 1956 wurden einige polnische Erleichterungen erkämpft. So übernahm der polnische General Marian Spychalskí das polnische Verteidigungsministerium, das bis dahin mit dem Sowjetmarschall Rokossowski besetzt war. Ob den Dezember-Unruhen von 1970 in den Ostseestädten wirtschaftliche Erleichterungen folgen werden, ist noch nicht abzusehen. Daß die polnische Regierung in dieser Lage mehr als jede andere im Warschauer Pakt auf eine Verringerung der enormen Rüstungslasten drängt, ist verständlich.

Von welchem Standpunkt auch immer man die heutige Lage Polens betrachtet, über einen Punkt kann es keinen Zweifel geben: die Nation braucht trotz des ausgeprägten Nationalgefühls Zeit, viel Zeit, zur inneren Festigung von Staat und Gesellschaft.

d) Tschechoslowakei

In der Tschechoslowakei verlief die Entwicklung in vielem entgegengesetzt zu Ostdeutschland. Das Land hatte verhältnismäßig geringe Kriegsschäden erlitten und seine bedeutende Industrie voll arbeitsfähig über das Jahr 1945 hinübergerettet. Die Gebietsabtretungen an die Sowjetunion waren nicht sehr groß und erfolgten freiwillig. Dafür wurden von den etwa 7,5 Millionen Tschechen rund drei Millionen Sudetendeutsche, die zweitstärkste Volksgruppe der Republik, des Landes verwiesen und ihr ganzer Besitz entschädigungslos eingezogen. Nur auf diese Weise konnte der so lange angestrebte tschechische Nationalstaat in Böhmen geschaffen werden.

Die Tschechoslowakei ist der einzige Staat, der den Weg in die Volksdemokratie freiwillig gegangen ist, dem die kommunistische Herrschaft nicht von den Truppen der Roten Armee aufgezwungen wurde. Die wichtigsten Schritte auf diesem Weg waren:

— das am 12. Dezember 1943 von Dr. Edvard Beneš im Namen der tschechoslowakischen Exilregierung mit der Sowjetunion abgeschlossene Abkommen von Moskau;
— die am 26. Mai 1946 in freier und demokratischer Form abgehaltenen Wahlen, bei denen die KPČ von 7,6 Millionen gültigen Stimmen 2,2 Millionen erhielt;
— der Prager Staatsstreich vom 23. Februar 1948, dem die bürgerlichen und sozialdemokratischen Kräfte keinen Widerstand entgegensetzten.

Damit waren die Weichen gestellt und die weitere Entwicklung nicht mehr aufzuhalten. Sie erreichte am 21. August 1968 mit der sowjetischen Intervention ihren vorläufigen Höhepunkt. Zweimal in einer Generation hat die Tschechoslowakei kampflos die Fahne eingeholt, zweimal war der Staat falsch gerüstet. In beiden Fällen ist es allerdings gelungen, den Staat zu erhalten oder wiederherzustellen.

Die für ganz Mitteleuropa tragische Entwicklung in den böhmischen Ländern ist das Ergebnis einer historischen Fehlentwicklung. Zu oft haben Herrscher und Politiker aller Nationen in und um Böhmen die Bedeutung des Raumes verkannt, der trotz vieler Gegensätze unter allen Umständen ein gemeinsames Vorgehen erforderlich gemacht hätte. Die tschechischen Regierungen von 1918 bis 1938 haben es nicht verstanden, Böhmen seiner geographischen Lage gemäß auch politisch einzuordnen. Zumindest ein Versuch hätte gemacht werden müssen. Mit einer verkleinerten Neuauflage des so sehr verteufelten österreichischen ›Völkerkerkers‹ war es nicht getan.

Heute steht die Sowjetarmee in der böhmischen Bastion, mitten in Europa. Nach den Sudetendeutschen zahlt nun auch das tschechische Volk, dem alles genommen wurde, die Zeche für die verfehlte Prager Politik. Mit vielem anderen haben die Tschechen auch die tragende Idee eines ganzen Jahrhunderts ihrer Geschichte verloren, den Panslawismus. Er starb am 21. August 1968 unter den Ketten russischer Panzer.

3. Die Südgruppe des Warschauer Paktes

a) Allgemeines

Das südlich des Karpatenbogens gelegene Dreieck Budapest—Bukarest—Sofia kann nicht einmal von der sowjetischen Propaganda als ›eisern‹ bezeichnet werden. Die Interessen der Völker im Donauraum vermag auch die Sowjetunion nicht auf einen Nenner zu bringen. Ihre Gegensätze auszugleichen ist schier unmöglich. Im Grunde müssen sich die Sowjets heute mit den gleichen Problemen herumschlagen wie die österreichisch-unga-

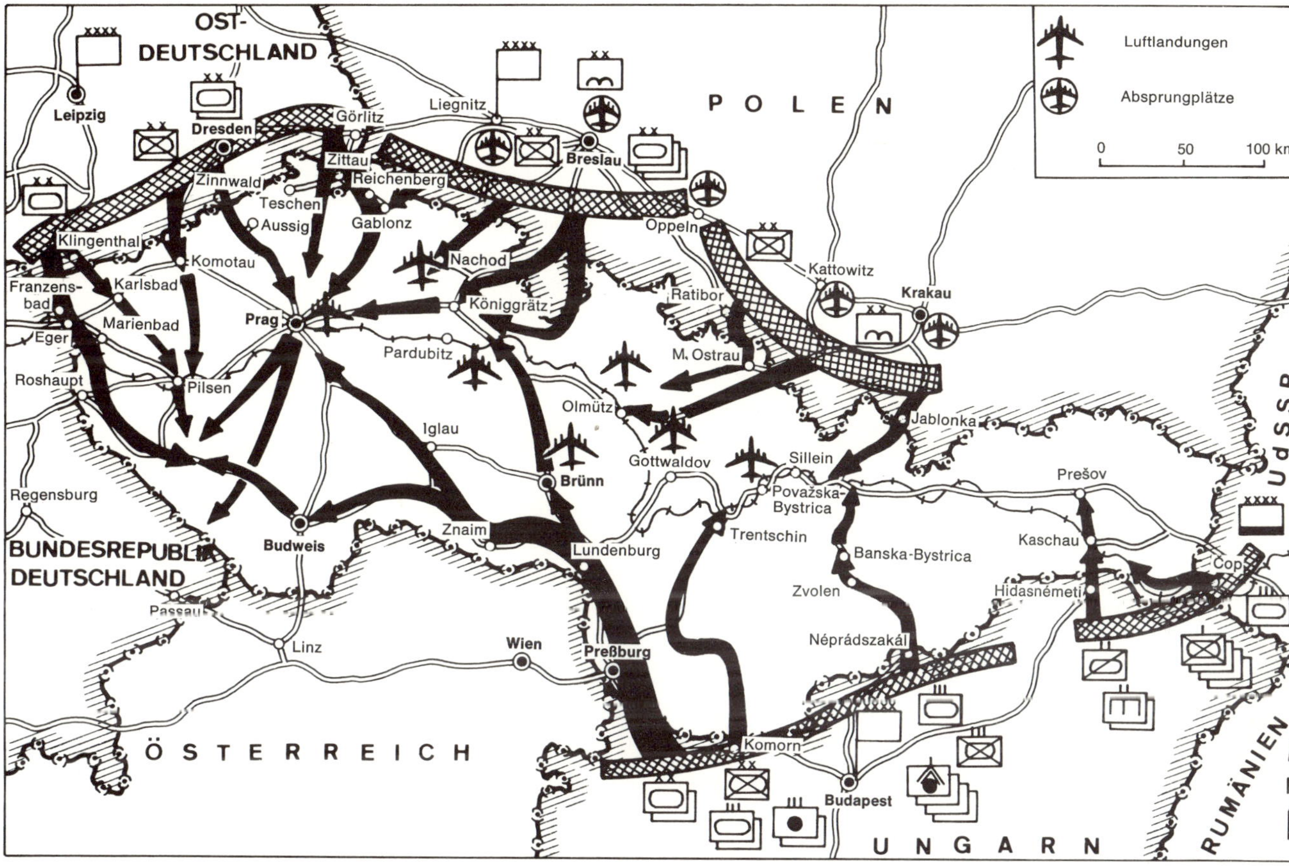

Die sowjetische Intervention in der ČSSR am 21. August 1968

rische Monarchie bis 1918, die Kleine Entente – eines der absonderlichsten Bündnisse, das es je gegeben hat – bis 1938 und das Deutsche Reich bis 1944. An den durch den Zweiten Wiener Schiedsspruch (30. August 1940) gezogenen Grenzen haben die Ungarn auch nach 25 Jahren kommunistischer Herrschaft nur zu bemängeln, daß sie durch Adolf Hitler festgelegt wurden und nur deshalb heute schlecht gefordert werden können. Im Sommer 1944 hatten Rumänien und Ungarn in Siebenbürgen mehr Truppen stehen als an der damals schwer bedrängten Ostfront. Und als sich Ungarn am 21. August 1968 an der sowjetischen Intervention in der Tschechoslowakei beteiligte, gehörten zumindest unterschwellig Hoffnungen auf den Erwerb von ehemals ›oberungarischen‹ Gebieten aus einer allfälligen tschechoslowakischen Konkursmasse mit zur Triebfeder des zwielichtigen Unternehmens.

Der Donauraum kann nicht allein aus dem Blickwinkel des Warschauer Paktes gesehen werden. Vor allem ist Jugoslawien mit einzubeziehen. Damit aber ergibt sich die Interessengruppierung, die mit dem Warschauer Vertrag überhaupt nicht übereinstimmt. Immer noch stehen nämlich hier die Sieger des Ersten Weltkrieges – Jugoslawien und Rumänien – gegen die damaligen Verlierer – Bulgarien und Ungarn.

Die Friedensverträge von 1919/20 haben die in Europa bestehende Ordnung durch eine andere, keineswegs bessere ersetzt. In Westeuropa ist es unter starkem wirtschaftlichem Druck nach dem Zweiten Weltkrieg gelungen, die Interessengegensätze so abzustimmen, daß daraus eine dauerhafte Lösung werden dürfte. Im Osten hat man die gleichen Probleme nördlich der Karpaten von beiden Seiten mit Gewalt zu lösen versucht. Die Ergebnisse haben wir bereits betrachten können. Südlich der Karpaten kehrte man 1946/47 mangels besserer Ideen einfach zur Lösung von 1919/20 zurück. Gerechterweise muß jedoch festgestellt werden, daß sich

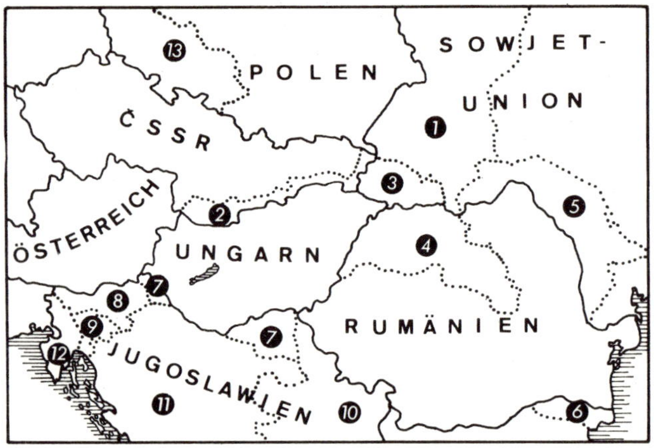

Grenzverschiebungen in Ost-Mitteleuropa 1939/1946

1 — Ostpolen, 1939 an die Sowjetunion; 2 — Südslowakei (›Ober-Ungarn‹), 1939–44 bei Ungarn; 3 — Karpato-Ukraine, bis 1939 bei der Tschechoslowakei, 1939–44 bei Ungarn, seit 1945 an die Sowjetunion; 4 — Nord-Siebenbürgen, 1940–44 bei Ungarn; 5 — Bessarabien und Nord-Bukowina, 1940/41 sowie ab 1944 bei der Sowjetunion; 6 — Süd-Dobrudscha, 1940 an Bulgarien; 7 — Wojwodina und Drau-Gebiet, 1941–44 bei Ungarn; 8 — Südsteiermark, 1941–45 beim Deutschen Reich; 9 — Teile von Slowenien, 1941–43 bei Italien; 10 — Serbien 1941–44; 11 — Kroatien 1941–45; 12 — Istrien, bis 1945 bei Italien, seither bei Jugoslawien; 13 — Schlesien, 1945 an Polen.

das Nationalitätenproblem im Donauraum mit der im Ersten Weltkrieg von den Alliierten verkündeten neuen Heilslehre — dem ›Selbstbestimmungsrecht der Völker‹ — nicht lösen läßt. Es sei denn, man wendet die höchst fragwürdige Methode der Pariser Friedensmacher von 1919/20 an und teilt die Völker in solche, für die das Selbstbestimmungsrecht gilt, und in andere, für die es nicht gelten darf. Nirgendwo in Europa prallen deshalb heute die nationalen Gegensätze so stark aufeinander wie im Donauraum.

Noch ein sehr wesentlicher Unterschied besteht zwischen der Nord- und Südgruppe des Warschauer Paktes: Während Ostdeutsche und Böhmen gewohnt waren, unter ›vernünftigen‹ Regierungen zu leben und die staatlichen Gesetze im allgemeinen Interesse zu beachten, standen alle Völker des Donauraumes jahrhundertelang unter türkischer Fremdherrschaft. Aus dieser Zeit haben sie die Fähigkeit behalten, Anordnungen so weit wie möglich zu eigenen Gunsten auszulegen, da sie nie ein Interesse an der überregionalen Ordnung haben konnten. Sie verstehen es meisterhaft, sich mit der Besatzungsmacht zu arrangieren, ohne allzuviel nationale Substanz zu verlieren. Dieser Lage steht heute die Sowjetunion gegenüber, die die Hintergründe vieler Vorgänge nicht zu erkennen vermag. Als Folge davon wird das stets vorhandene Mißtrauen der Russen noch weiter verstärkt und Nervosität hervorgerufen.

Die Geschichte hat uns aber auch die Grenzen der Anpassungsfähigkeit gezeigt. Als die Kaiserlichen im 18. Jahrhundert Ungarn von den Türken befreiten, wurden sie nicht überall herzlich empfangen. In ihrem Gefolge kam nämlich die Gegenreformation. Ein Ungar hat die neue Lage damals folgendermaßen umrissen: »Die Türken forderten unser Geld. Die Kaiserlichen nehmen nicht nur das Geld, sie wollen auch noch unsere Seele. Und das ist zuviel.«

Auch das Verhältnis zum westlichen Mitteleuropa ist südlich der Karpaten ein anderes als nördlich des Gebirges. Es ist von weit weniger Ressentiments geprägt und zeigt keine Furcht vor der Zukunft. Immer noch wirken die zahllosen Verbindungen aus der heute glücklich scheinenden Zeit der österreichisch-ungarischen Monarchie nach, bei der Jugend mehr im Unterbewußtsein. Auch das Verhältnis zum Deutschen Reich ist weniger belastet als anderswo. Mit Ausnahme von Jugoslawien waren die Deutschen nirgendwo längere Zeit hindurch Besatzungsmacht gewesen. So mischen sich langsam verblassende, schwermütige Überlieferungen mit unbestimmbaren Hoffnungen in das Grau des sozialistischen Alltages.

b) Bulgarien

Das bulgarische Volk hat nie vergessen, daß es seine Befreiung von der Türkenherrschaft Rußland zu danken hat. Die Kämpfe der russischen Truppen am Schipka-Paß und die Belagerung von Plewna im Türkenkrieg von 1877/78 sind jedem Bulgaren gegenwärtig. Bulgarien ist auch das einzige Mitglied des Warschauer Paktes, das nie gegen Rußland, mit dem es Sprache, Schrift und Religion verbindet, Krieg geführt hat. Heute ist Bulgarien sicherlich der zuverlässigste Bundesgenosse der Sowjetunion in Europa, allerdings auch einer der am wenigsten bedeutungsvollen. Bis zu einem gewissen Grad ist das Schicksal Bulgariens eine ›Tragödie der Rußlandtreue‹. Auch die — mehr symbolische — Teilnahme bulgarischer Truppen an der sowjetischen Intervention in der Tschechoslowakei am 21. August 1968 ist als ein Akt der Dankbarkeit und der Ergebenheit zu beurteilen.

c) Rumänien

Das eigenwilligste Mitglied des Warschauer Paktes hat einen schweren Weg vom Frontwechsel am 23. August 1944 bis zu seinem heutigen Stand zurücklegen müssen. Seine Führer nehmen das Recht auf eine eigene Form des Sozialismus in Anspruch und lehnen ausländische Lehrmeister entschieden ab. Rumäniens Staats- und Parteichef Nicolae Ceauşescu versteht es meisterhaft, den geringen außenpolitischen Spielraum, der seinem Land bleibt, auszunützen. Seine Handlungen sind ausschließlich vom rumänischen Standpunkt bestimmt. Wenn er vom Nichtbestehen der ›Breschnew-Doktrin‹ spricht, bedeutet das lediglich, daß Rumänien sie nicht anerkennt und er sich mit diesem Problem theoretisch nicht auseinanderzusetzen bereit ist. Wenn er die ›Unantastbarkeit der bestehenden Grenzen in Europa‹ erwähnt, meint er lediglich die Grenzen Rumäniens, dessen Gebietswünsche 1919 und 1946 erfüllt wurden; an die Oder-Neiße-Linie denkt er dabei bestimmt nicht, eher schon an Bessarabien, das Rumänien 1940 und nochmals 1944 zusammen mit der Bukowina an die Sowjetunion abtreten mußte.

Durch das Anknüpfen immer neuer Verbindungen — von den USA bis Rot-China — versucht Ceauşescu Rumänien gegen eine sowjetische Intervention abzusichern. Über den wahren Wert dieser Kontakte gibt sich der realistische rumänische Parteichef sicherlich keiner Illusion hin. Andererseits hatte die Sowjetunion bis heute noch keinen Anlaß, in Rumänien einen neuen Akt des ›Panzerkommunismus‹ zu setzen. Im Nordosten, Norden und Westen des Landes stehen marschbereite sowjetische Truppen. Zwei seiner drei kleinen Nachbarn denken stets daran, daß ihnen 1919 und 1946 ›unerträgliches Unrecht‹ geschehen ist. So besehen, kann es sich die Sowjetunion noch leisten, den Rumänen ein gewisses Maß an Freizügigkeit zu lassen.

Es wäre verfehlt, anzunehmen, daß der rumänische Kommunismus weniger drückend auf der Bevölkerung liegt als der polnische oder der russische. Im Gegenteil, die Kommunistische Partei Rumäniens will zeigen, wie vorbildlich sie die Lehren von Marx, Engels und Lenin in die Praxis umzusetzen versteht. Im Inneren duldet sie keine Liberalisierungstendenzen.

Als einziger Staat im Osten Europas hat Rumänien seine seit Jahrhunderten im Land ansässigen deutschen Volksgruppen nach dem Zweiten Weltkrieg nicht aus der Heimat vertrieben. Das wirkt sich heute eindeutig als Vorteil aus. An vielen Schaltstellen der Wirtschaft sitzen Banater Schwaben und vor allem Siebenbürger Sachsen. Sehr viele von ihnen sind in den Bukarester Zentralstellen anzutreffen. Sie leben verhältnismäßig frei und durch ihren Fleiß auch einigermaßen gut. Nur ausreisen dürfen sie nicht. Der Schaden für das ganze Land wäre unabschätzbar.

d) Ungarn

Die vom September 1944 bis März 1945 auf ungarischem Staatsgebiet geführten Kämpfe haben dem Land großen Schaden zugefügt. Wie Rumänien hatte auch Ungarn als Kriegsfolge weitere schwere Lasten zu tragen. Der Volksaufstand vom Oktober 1956 erschütterte das Land aufs neue.

Inzwischen hat Ungarn sich unter der geschickten Führung von János Kádár einigermaßen erholt. Die wirtschaftliche Lage ist besser geworden, das Leben gegenüber den fünfziger Jahren merklich freier. Der Übergang vom Agrarland zum modernen Industriestaat macht Fortschritte.

Aber immer noch stehen sowjetische Truppen im Lande.

Ihre Anwesenheit unterstreicht die operative Bedeutung des Karpatenbeckens, das mit Flandern und der Lombardei zu jenen Räumen Europas gehört, in denen die meisten geschichtlichen Entscheidungen gefallen sind. Viele Vorstöße aus dem Osten haben sich in der pannonischen Tiefebene gebrochen, aber auch die Angriffe aus dem Westen sind hier zum Stehen gekommen. Der Besitz des Karpatenbeckens war immer entscheidend für die Vorherrschaft auf dem Balkan. Das hatte auch Bismarck erkannt, der Kaiser Franz Joseph empfahl, das Schwergewicht der Donaumonarchie in den ungarischen Raum zu verlegen.

4. Der Wert der Bündnispartner

Wie immer die politische und militärische Führung der Sowjetunion die Lage in den kleinen Staaten des Warschauer Paktes beurteilen mag, es gibt keinen Zweifel darüber, daß sie auf dem Festhalten des Raumes und der Sicherung ihres Besitzstandes bestehen wird. Wieviel militärisches Gewicht die ›Bruderarmeen‹ ins Bündnis wirklich einbringen, könnte nur ein — hoffentlich nie eintretender — Ernstfall beweisen. In der gegenwärtigen Lage kann dieser Wert nicht sehr hoch veranschlagt werden.

Noch ein Gesichtspunkt bedarf der Würdigung: jeder Krieg der Zukunft wird ein Bündniskrieg sein. In einem solchen haben die kleineren Staaten neben der überwältigenden Führungsmacht immer einen sehr schweren Stand. Ihren Armeen können nur begrenzte Aufgaben gestellt werden, die der beschränkten Leistungsfähigkeit dieser Länder entsprechen. Jede Regierung, die sich noch einen Rest von nationalem Empfinden bewahrt hat, wird daher bestrebt sein, die Nation mit möglichst geringen Verlusten durch einen solchen Krieg zu bringen, um bei den entscheidenden Nachkriegsverhandlungen noch mitsprechen zu können. Die Geschichte zeigt uns, daß kleinere Staaten im Laufe eines langen Krieges oft gezwungen sind, aus reinem Selbsterhaltungstrieb die Front zu wechseln. Sie deswegen des Verrates zu zeihen, oder ihnen gar Charakterlosigkeit vorzuwerfen, ist ungerecht und unklug.

III. Die Außenseiter des sozialistischen Lagers

1. Allgemeines

Auf dem Balkan zeigten sich die Grenzen der Sowjetmacht früher als anderswo. Bereits 1944/45 konnte die Rote Armee dort bei der Neuordnung der Verhältnisse nicht die gleiche Rolle spielen wie in den anderen Staaten Osteuropas. Jugoslawien und Albanien haben stets mit Nachdruck die These von der ›Befreiung aus eigener Kraft‹ vertreten. Da dieser Behauptung mehr propagandistischer als tatsächlicher Wert zukommt, stellen sich heute Spätfolgen ein, die um so schwerer wiegen, als man 25 Jahre lang falsche Vorstellungen in den Mittelpunkt des ganzen staatlichen Lebens gestellt hat.

Niemand wird je die Opferwilligkeit, die Einsatzbereitschaft und die Kampftüchtigkeit der jugoslawischen und albanischen Partisanen im Zweiten Weltkrieg in Zweifel ziehen. Sie haben große militärische Leistungen vollbracht. Daß diese Tugenden eines Volkes jedoch nicht ausreichen, um einen Krieg zu gewinnen, ist nach zwei verlorenen Weltkriegen nirgendwo besser bekannt als in Mitteleuropa.

Andererseits wissen auch Südslawen und Albaner genau, daß die Deutsche Wehrmacht aus Kräftemangel die Partisanenbekämpfung nie im erforderlichen Umfang durchführen konnte. Bei einheitlicher Führung und mit vier oder fünf kampfkräftigen Divisionen mehr wäre der ganze Partisanenkrieg auf einzelne, unbedeutende Nadelstiche beschränkt worden. Völlig ungewiß ist auch, ob es in Zukunft je wieder eine so umfangreiche materielle Hilfe geben wird, wie Amerikaner und Briten sie 1942/45 geleistet haben.

Die Verteidigungsmöglichkeit des Balkanraumes beruht daher heute auf zwei Säulen:

— auf der Verhinderung eines handstreichartigen Unternehmens gegen Jugoslawien und
— auf der politischen Absicherung der eigenen Absichten, die früher über die USA oder die NATO und heute auch über Rot-China versucht wird.

2. *Jugoslawien*

Alle Spannungen am Balkan ergeben sich aus der Tatsache, daß die Sowjetunion das ›jugoslawische Modell‹ des Kommunismus als Herausforderung empfindet. Die Vorstellung, daß eine der sowjetischen Teilrepubliken einmal von Moskau die gleichen Sonderrechte fordern könnte, wie Belgrad sie etwa Agram gewährt, bildet einen ständigen Alptraum der Moskauer Machthaber. Nach sowjetischer Lehre hätte der ›Nationale Selbstverwaltungs-Kommunismus‹, wie Jugoslawien ihn vorlebt, längst an innerer Schwäche zugrundegehen müssen. Daß er nach mehr als 20 Jahren noch lebt und sogar eine starke Anziehungskraft innerhalb und außerhalb des Ostblocks ausübt, ist für das sowjetische Zentralkomitee äußerst peinlich.

Schwerer noch als die ideologischen Streitfragen wiegen sicherlich die operativen, ja sogar strategischen Probleme. Moskaus Drang zum ›warmen Meer‹ — im Sinne des zaristischen Imperialismus — ist nicht zu verkennen. Der sowjetische Generalstab gibt sich zweifellos nicht der Illusion hin, daß Seemacht auf der mehr als brüchigen Grundlage der arabischen Stützpunkte längere Zeit hindurch ausgeübt werden könne. In der gegenwärtigen Lage kann das ›Zeigen der Flagge‹ durch sowjetische Überwasser-Kriegsschiffe im Mittelmeer im Frieden nicht verhindert werden. Im Ernstfall ist der »ganze Spuk in fünf Minuten verschwunden«, erklärte der Oberbefehlshaber der amerikanischen VI. Flotte, ein Seemann, der aus langer Kriegs- und Friedenserfahrung spricht. Bezeichnenderweise schwiegen die Sowjets zu dieser Erklärung.

Nur gesicherte Stützpunkte im eigenen Machtbereich vermögen die politische Demonstration in echte Seemacht zu verwandeln. Und Jugoslawiens ›eigener Weg‹ verwehrt den Sowjets die Basen von Kotor (Cattaro), Split (Spalato), Rijeka (Fiume) und Pula (Pola), auf die sich einst der österreichische Admiral Tegetthoff stützte.

Jugoslawien mit den sechs Teilrepubliken

All das macht Jugoslawiens Politik zu einem ›Balanceakt ohne Netz über dem Abgrund zwischen den Machtblöcken‹. Daß es noch zu keiner Katastrophe kam, ist ausschließlich der geschickten Führung des Staatspräsidenten Marschall Josip Broz Tito zuzuschreiben. So weit wie möglich kommt er der sowjetischen Politik entgegen, wo immer möglich, unterstützt er ihre Forderungen, immer bestrebt, Spannungen erst gar nicht entstehen zu lassen.

Bestimmend für dieses Entgegenkommen ist die außerordentlich schlechte operative Lage Jugoslawiens. Das Land ist gegen den Westen — an der Görzer Pforte und der Adriaküste — leicht, gegen Norden und Osten — in der Ungarischen Tiefebene und in Ostserbien — mit den vorhandenen Kräften jedoch überhaupt nicht zu verteidigen. Die Grenzen Jugoslawiens sind dort für jeden Aggressor offen. Die Sowjetunion steht heute in den gleichen Aufmarschräumen, die die Deutsche Wehrmacht im April 1941 für ihren Feldzug der zwölf Tage gegen Jugoslawien bezogen hatte.
Da sich die jugoslawischen Streitkräfte gegenwärtig kaum verstärken lassen, kann nur um jene Zeit gekämpft werden, die für diplomatische Aktionen benötigt wird. Wie so oft in solchen Lagen, hat die Armeeführung ›Reformen‹ durchgeführt. Ob eine Armee da-

durch stärker wird, daß man sie in zwei Teile teilt — in eine ›Operative Armee‹ und in eine ›Territorialmiliz‹ — ist noch lange nicht erwiesen. Daß der Partisanenkrieg, den Jugoslawien übrigens längst wieder verlernt hat, nicht zum Ziel führen muß, haben wir bereits gesehen. Darüber hinaus befinden sich Hunderttausende von ausgebildeten Reservisten ständig als Gastarbeiter im Ausland, Männer, die bei jeder Mobilmachung fehlen.

Regierung und Volksvertretung haben mit Gesten nicht gespart. So wurde in die Verfassung Jugoslawiens folgender Artikel aufgenommen: »Niemand hat das Recht, eine Kapitulation des Landes oder eine Kapitulation der Streitkräfte zu billigen oder zu unterschreiben. Niemand hat das Recht, die Besetzung des ganzen Landes oder eines Teiles davon zu akzeptieren oder anzuerkennen.« Wie schwer mag wohl eine solche Bestimmung in der harten Realität einer Aggression weit überlegener Kräfte wiegen? Welchen Sinn hat es, die Wehrpflicht auf Jahrgänge und Bevölkerungsgruppen auszudehnen, die niemals einberufen, ausgebildet und ausgerüstet, somit nicht eingesetzt werden können?

Daß sich Belgrad der tatsächlichen Lage bewußt ist, zeigt die Tatsache der immer vielfältigeren Verbindung mit Rot-China. Hier wird jene Rückendeckung gesucht, die nach Budapest 1956 und Prag 1968 vom Westen nicht erwartet werden kann. Jedoch: »Ferne Wasser löschen kein Feuer«, sagt Tschou En-lai.

Außer Zweifel steht, daß die breiteren Schichten der Völker Jugoslawiens der Politik von Josip Broz Tito zustimmen. »Die Bevölkerung ist entschlossen, alles das mit der Waffe zu verteidigen, was sie sich unter großen Opfern und Mühen erkämpft und erarbeitet hat.« Ist diese Haltung tragfähig genug, für einen Verteidigungskampf auf Leben und Tod, wenn der alte Staatspräsident einmal nicht mehr lebt? Wo immer man in ganz Jugoslawien hinblickt, trifft man auf Gegensätze. Im Vordergrund steht die Auseinandersetzung der verschiedenen Nationalitäten, vor allem die Frontstellung der Kroaten gegen die Serben. Dazu kommt das Wirtschaftsgefälle von Laibach und Agram nach Belgrad, Nisch, Sarajewo und Titograd. Verschärft wird alles durch die religiösen Gegensätze zwischen Katholiken, Griechisch-Orthodoxen und Mohammedanern. Drohend stehen die Schatten der Vergangenheit über der heutigen Gesellschaftsordnung, manche Rechnung ist noch offen. Und niemand weiß, wieviele orthodoxe Kommunisten stalinistischer Prägung in Führung und Verwaltung, vor allem aber in der Armee sitzen.

Es fällt auf, daß von der Sowjetunion an die Jugoslawische Volksarmee nahezu alle jene modernen Kampfmittel geliefert werden, die auch die Armeen der kleineren Staaten des Warschauer Paktes erhalten. Ausgenommen davon sind lediglich atomare Gefechtsfeldwaffen. Die jugoslawische Luftraumüberwachung ist allerdings einseitig gegen die NATO ausgerichtet und kann jederzeit mit dem sowjetischen Radar-Netz gekoppelt werden. Ein Luftraumüberwachungssystem, das auch gegen den Warschauer Pakt eingesetzt werden könnte, gibt es nicht. Andererseits hat Marschall Tito bisher alle sowjetischen Wünsche nach Marinebasen an der jugoslawischen Adriaküste energisch zurückgewiesen.

Nüchtern beurteilt, sind daher Unsicherheit und Mißtrauen die bestimmenden Elemente des heutigen Jugoslawiens. Solange Tito lebt, kann sich Volk und Land noch an ein Symbol klammern. Weder die Theorie einer ›Allumfassenden Verteidigung Jugoslawiens‹ — des ›Volksverteidigungskrieges‹ — noch ein Kapitulationsverbot in der Verfassung werden jedoch Titos Autorität ersetzen können.

Vieles deutet darauf hin, daß auch die Sowjets die Verteidigungsmöglichkeit Jugoslawiens anzweifeln. Sie warten daher ab und schüren die Gegensätze, wo sie nur können. Immer noch dürfen sie hoffen, daß ihnen die innere Zwietracht auf nationalem, wirtschaftlichem und sozialem Gebiet einen neuen 21. August ersparen wird.

3. Albanien

Am 12. September 1968 beschloß die albanische Volksversammlung den Austritt des Landes aus dem Warschauer Pakt. Ministerpräsident Mehmet Shehu recht-

fertigte dieses Vorgehen in einer längeren Rede mit folgenden harten Worten:
»Der Warschauer Pakt hat sich von einem Friedensvertrag in einen versklavenden Kriegsvertrag, von einem Vertrag zum Schutz vor der imperialistischen Aggression in einen aggressiven Vertrag gegen die sozialistischen Länder verwandelt.«
»Während dieser 13 Jahre veränderte sich allmählich der Schutzcharakter des Warschauer Paktes. Er verwandelte sich in ein Instrument, um die Völker der Mitgliedstaaten dieses Vertrages selbst zu versklaven. Im Widerspruch zu den Prinzipien des Warschauer Vertrages und zu den Interessen des sozialistischen Lagers, der Völkerfreiheit und des Weltfriedens, schloß die Sowjetführung mit dem amerikanischen Imperialismus die ›Heilige Allianz‹ und baut sie weiter aus, um die Weltherrschaft der beiden Staaten zu errichten.«
»Praktisch haben sich die Streitkräfte des Warschauer Vertrages in einen Bestandteil der Sowjetarmee verwandelt. Die Verteidigungsminister der Mitgliedstaaten haben nicht nur keine Kompetenz, um ihre Aufgabe als Stellvertretende Oberbefehlshaber zu erfüllen. Oberbefehlshaber der Vereinten Streitkräfte des Warschauer Paktes ist immer der sowjetische Stellvertretende Verteidigungsminister. Er erhält seine Aufträge nicht vom Politischen Beratenden Ausschuß, sondern vom Verteidigungsminister der Sowjetunion und von der Kremlclique. Ebenso liegt der Generalstab gänzlich in der Hand von sowjetischen Offizieren. Damit ist er ein Bestandteil des Generalstabes der Sowjetarmee. Die übrigen Mitgliedstaaten dürfen ›leeres Stroh dreschen‹ und müssen sich den Befehlen und Beschlüssen der sowjetischen Führungsclique unterordnen. Dadurch ist im Warschauer Pakt jede Spur von einer Gleichheit der Mitgliedstaaten ebenso verschwunden wie in der NATO, wo die amerikanischen Imperialisten herrschen, ja, es ist vielleicht sogar noch ärger.«
»Als die Streitkräfte der Sowjetrevisionisten und ihrer Satelliten die ČSSR und das tschechoslowakische Volk in hinterlistiger Weise angriffen und besetzten, erließ die revisionistische Dubček-Swoboda-Clique Aufrufe an das Volk und gab der Armee den Befehl, keinen Widerstand zu leisten. Das war eine schändliche Kapitulation vor den fremden Okkupanten.«
Wie so oft vorher und nachher fanden diese Ausführungen in Albanien die befohlene volle Zustimmung, im ganzen Ausland aber keine Beachtung. Die Ansicht von der Bedeutungslosigkeit Albaniens ist in Ost und West so stark verwurzelt, daß sich der kleine Balkanstaat auch in Zukunft nur selten wird bemerkbar machen können, wenn man von der einen oder anderen Abstimmung in den Vereinten Nationen absieht.
Seit über zehn Jahren praktiziert Albanien die chinesische Form des Kommunismus. Wirtschaftliche Erfolge haben sich zwar eingestellt, eine Ausstrahlungskraft aber ist nirgendwo festzustellen.
Die Albaner sind aus Tradition fremdenfeindlich. Die Beziehungen zu den ›sozialistischen Staaten‹ sind mehr als kühl. Im Westen unterhalten sie nur mit Frankreich, Griechenland, Italien, Österreich, Schweden und der Türkei diplomatische Beziehungen. Seit der sowjetischen Intervention in der ČSSR am 21. August 1968 trachtet Albanien aus der selbstgewählten Isolation auszubrechen und sucht vor allem Anschluß an Jugoslawien und Rumänien. Von einer ›Achse Tirana-Belgrad-Bukarest‹ kann aber nicht gesprochen werden. Albanien ist in jeder Weise zu schwach, um bündnisfähig zu sein.
So bleibt das Land auch weiterhin nicht mehr als der ›Brückenkopf Chinas in Europa‹, völlig abhängig von den Hilfslieferungen aus Peking. 4000 bis 6000 chinesische Militärberater überwachen jeden Schritt und jeden Handgriff. Dennoch wird die Zukunft des Landes viel mehr vom Schicksal Jugoslawiens bestimmt sein als von optisch schönen Verträgen mit Rot-China.

IV. Perspektiven

Seit dem Ende des Zweiten Weltkrieges steht die Rote Armee im Herzen Europas. Die sowjetische Führung war von Anfang an entschlossen, die eroberten Gebiete mit allen Mitteln — wenn erforderlich auch mit Waffengewalt — zu behaupten.

In den letzten 25 Jahren ist es Moskau jedoch trotz der ideologischen Verbrämung nicht gelungen, die russische Herrschaft in der Bevölkerung zu verankern. Ohne den ›Panzerkommunismus‹ wäre sie längst verschwunden. *Das kommunistische Experiment — zeitweilig die große Hoffnung breiter Schichten in vielen Ländern — hat sowohl auf politischem als auch auf wirtschaftlichem Gebiet zu einem Fehlschlag geführt.* Mehr als fünfzig Jahre nach der Oktoberrevolution kann auf Stacheldraht und Todesstreifen, auf Besatzungstruppen und Geheimpolizei, auf Zensur und Unterdrückung nicht verzichtet werden. Die Berliner Mauer und der Überfall der Sowjetunion auf die Tschechoslowakei sind zu allgemein sichtbaren Symbolen des Kommunismus geworden.

Die ›klassenlose Gesellschaft‹ ist Illusion geblieben. Die neue, eng geschlossene *Funktionärskaste* ist für die Bevölkerung mindestens ebenso schwer zu ertragen wie die alte, gewachsene und oft patriarchalische Führungsschicht. Der fast vollständig ausgerottete *Mittelstand* konnte bis heute nicht ersetzt werden. Sein Fehlen lähmt die Entwicklung von Gesellschaft und Wirtschaft immer stärker.

Inzwischen hat es sich auch gezeigt, daß das *›sozialistische Wirtschaftssystem‹* auf falschen Theorien beruht. Obwohl die sowjetische Führung diese Tatsache längst erkannt haben muß, kann sie sich nicht zu einer grundlegenden Änderung entschließen. Ständig wechselnde Experimente verschlechtern die wirtschaftliche Lage immer mehr. Die *Arbeiterunruhen vom Dezember 1970 in den heute polnischen Ostseestädten* haben deshalb auf die Parteiführer in ganz Osteuropa wie ein Schock gewirkt. Sie leben seither in der Angst vor dem Aufstand der arbeitenden Massen. Ihre Nervosität ist offenkundig.

Die ideologische Stoßkraft, die früher einmal sowohl im Kommunismus als auch im Panslawismus stark vorhanden war, erlahmte zusehends. An Stelle der Ideologie tritt *der alte russische Imperialismus* immer deutlicher in Erscheinung. Der Hitler-Stalin-Pakt vom August 1939 und die Okkupation Ostpolens durch Sowjetrußland waren die allgemeinen sichtbaren Wendepunkte. Seither bekommen die Völker im Osten Mitteleuropas und auf dem Balkan den sowjetischen Imperialismus zu spüren. Die krampfhaften Aktivitäten der Sowjetunion im Mittelmeer und das von Beginn an zum Scheitern verurteilte arabische Abenteuer gehen auf Kosten des Lebensstandards der Menschen in allen Ländern des Warschauer Paktes.

Die Sowjetunion hat ihre führende Stellung im Weltkommunismus verloren. Selbst kleine, in ihrem Machtbereich liegende Staaten wie Rumänien und Jugoslawien wagen zu opponieren. Peking ist unausgesetzt bestrebt, die sowjetische Führungsposition immer weiter zurückzudrängen. In den westlichen Ländern ist es soweit gekommen, daß sich jede Linksbewegung in einer hoffnungslosen Lage befindet, solange sie nicht deutlich begreift und offen auszusprechen wagt, daß Moskau eines der größten Zentren nationaler und sozialer Unterdrückung darstellt, das es bisher in der Geschichte gegeben hat.

Der sich aus den Fehlleistungen von Politik und Wirtschaft ergebende *Prestigeverlust der Sowjets bei ihren Verbündeten* verstärkt sich immer mehr, seit es durch den Tourismus umfangreichere Vergleichsmöglichkeiten mit dem Westen gibt. Viele Behauptungen der Sowjetpropaganda fallen wie Kartenhäuser zusammen. Nicht zuletzt wirkt sich hier auch die Landung des ersten Menschen auf dem Mond aus: das läßt sich nun einmal nicht zerreden, es war ein Amerikaner und kein Sowjetrusse! Auch die letzte Klammer des Warschauer Paktes, die von den Sowjets mit Liebe gepflegte und vor allem bei der Nordgruppe wirksame Angst vor einem *›deutschen Revanchismus‹* bröckelt seit den Verträgen zwischen Bonn und Warschau immer mehr ab.

In dieser Lage ist das *Sicherheitsbedürfnis der Sowjetunion* verständlich. Das sowjetische Sicherheitsbedürfnis wird gerade in Hinblick auf Rot-China allgemein anerkannt. Energisch abzulehnen ist aber jene ›Sicherheit‹, die lediglich den Vorwand für das Aufrechterhalten des sowjetischen ›Besitzstandes‹ in Ost-Mitteleuropa oder gar die Grundlage für ein weiteres Ausdehnen der Sowjetmacht bilden soll.

Unter diesem Blickwinkel muß auch die von der Sowjetunion seit vielen Jahren geforderte *›Europäische Sicherheitskonferenz‹* gesehen werden. Diese Konferenz soll — nach Ansicht der Sowjetunion — vor allem folgende Vereinbarungen treffen:

— Anerkennung der Unantastbarkeit der heutigen europäischen Grenzen durch alle Staaten Europas sowie durch die USA und durch Kanada.
— Verzicht auf die Anwendung und Androhung von Gewalt.
— Auflösung der Blöcke.
— Wirtschaftliche und kulturelle Zusammenarbeit.
— Verstärkung der Zusammenarbeit im Bereich der Technik und der Forschung.
— Aufnahme gleichberechtigter Beziehungen zu Ostdeutschland durch alle Staaten Europas im Sinne des Völkerrechtes.

Diese geschickten Formulierungen können nicht darüber hinwegtäuschen, daß die Sowjetunion aus diesen Beschlüssen ungleich größere Vorteile ziehen würde als der Westen. Im Grunde fordert die Sowjetunion nicht mehr und nicht weniger als die allgemeine Anerkennung ihrer Kriegserwerbungen sowie der Breschnew-Doktrin, die Auflösung der NATO, den Abzug der Amerikaner aus Europa, wirtschaftliche Hilfe für den Ostblock und die Zementierung der deutschen Spaltung.

Im Zusammenhang mit der ›Konferenz für Sicherheit und Zusammenarbeit in Europa‹ sind daher drei Fragen an die Sowjetunion zu richten:

— Sollen die Beschlüsse der ›Sicherheitskonferenz‹ den deutschen Friedensvertrag ersetzen?
— Worin liegt der Wert dieser Konferenz? Worauf beruht die Annahme, daß die auf ihr getroffenen Vereinbarungen besser eingehalten werden als die UN-Charta, die doch von nahezu allen Teilnehmern unterzeichnet wurde?
— In welcher Form wird das Sicherheitsbedürfnis der kleinen Staaten Ost-Mitteleuropas erfüllt? Wie kann sie eine Sicherheitskonferenz vor einem sowjetischen Eingreifen schützen, wie es im Oktober 1956 in Ungarn und in Polen sowie im August 1968 in der Tschechoslowakei stattgefunden hat?

»Es gibt kein historisches und kein moralisches Gesetz, das die osteuropäischen Völker dazu bestimmte, Knechte der Sowjetunion zu sein. Sie alle wollen in ihrer Mehrheit die Knechts-Rolle loswerden und nur Moskau hindert sie daran, sich Führungen zu geben, die solchen Willen in die Tat umzusetzen suchen. Eine solche Zwangsgemeinschaft ›Familie‹ zu nennen, ist ein schlechter Scherz.«*

Trotz der jahrelangen Agitation sind nahezu alle Probleme, die mit der Einberufung einer ›Sicherheitskonferenz‹ zusammenhängen, ungeklärt. Vor allem wäre auch die Frage zu erörtern, ob diese Konferenz nur zeitlich begrenzt oder ständig tagen solle.
Neben der ›Sicherheitskonferenz‹ wird von der Sowjetunion auch eine *›Truppenreduzierung‹* in Mitteleuropa propagiert. Aus verständlichen Gründen wird dieses Projekt innerhalb des Warschauer Paktes nur wenig erörtert.
Da das militärische Kräfteverhältnis in Mitteleuropa ›asymmetrisch‹ ist, stellt die ›Truppenreduzierung‹ kein militärisches, sondern ein politisches Problem dar. Jede sowjetische Division, die aus Ostdeutschland, Böhmen oder Ungarn in die Sowjetunion verlegt wird, kann in wenigen Tagen an ihren alten Standort zurückkehren. Eine in die Vereinigten Staaten abtransportierte amerikanische Division wird aller Voraussicht nach nie mehr rechtzeitig in Europa in Erscheinung treten können. Bei der gegebenen geographischen Lage gibt es keinen vernünftigen Schlüssel für den beiderseitigen Truppenabzug.
Der Westen muß daher auf einer ›ausgewogenen Truppenreduzierung‹ bestehen. »Die Verringerung der Streitkräfte muß so erfolgen, daß der gegenwärtige Grad an Sicherheit für beide Seiten erhalten bleibt«, erklärte der Generalinspekteur der Deutschen Bundeswehr, General de Maizière. Dazu ist ein Grenzüberschreitungsverbot für alle abgezogenen Verbände ebenso erforderlich wie bindende Vereinbarungen darüber, was mit den abgezogenen Truppen zu geschehen hat. Es liegt zweifellos nicht im Interesse der europäischen Sicherheit, wenn eine früher in Ost-Mitteleuropa stationierte Division

* Johann Georg Reißmüller, in ›Frankfurter Allgemeine Zeitung‹, 19. 10. 1971

etwa zum Ausüben eines politischen Druckes auf dem Balkan verwendet wird. Die Frage einer Inspektion muß ebenso geregelt werden wie die der ›brüderlichen Hilfe‹ — 21. August 1968.

Vereinbarungen über eine ›ausgewogene Truppenreduzierung‹ werden nur schwer und nach langwierigen Verhandlungen zu erzielen sein. Der Westen muß gerade hier besonders behutsam vorgehen. Vorleistungen sind nicht angebracht, ja sogar gefährlich. Jeder allfällige Truppenabzug müßte daher schrittweise erfolgen und mit dem Abbau von politischen Konfliktstoffen gekoppelt sein. Gerade in dieser Frage hat der Westen keine Eile.

Es kann keinen Zweifel darüber geben, daß die Sowjetunion das gegenwärtige Herrschaftssystem nicht mehr allzulange wird aufrechterhalten können. Damit beginnt die Lage in Osteuropa höchst unsicher zu werden. Schwere Erschütterungen sind nicht auszuschließen.

Für den Westen ist diese Entwicklung mit beträchtlichen Gefahren verbunden. Solange das ›Gleichgewicht des Schreckens‹ zwischen den Vereinigten Staaten und der Sowjetunion gewahrt bleibt, ist mit keinem massiven Angriff auf Westeuropa zu rechnen. Die konventionelle Überlegenheit des Warschauer Paktes ist dafür nicht groß genug. Nur eine Fehlbeurteilung der Lage oder eine Kurzschlußhandlung könnte einen solchen Angriff auslösen.

Hingegen ist durch die weiterhin expansive sowjetische Außenpolitik mit einem Nachdrängen der Sowjetunion in alle jene Räume zu rechnen, in denen der Westen Schwächen zeigt.

Für den Westen gilt es daher

— die wirtschaftliche Lage zu festigen und den Vorsprung gegenüber dem Osten auf allen Gebieten weiter auszubauen,
— die Stärke der Streitkräfte zumindest im bestehenden Umfang zu erhalten,
— keinen Zweifel an der Entschlossenheit aufkommen zu lassen, jedem Angriff mit militärischen Kampfmitteln entgegenzutreten, und
— nicht abzuwarten, sondern ebenfalls eine offensive Außenpolitik zu betreiben.

Jetzt, nachdem Rot-China die Weltbühne betreten hat, werden ohnedies ›alle Karten neu gemischt‹.

Unter diesen Umständen ist auch die Sowjetunion gezwungen, sich um Entspannung in Europa zu bemühen. Der Westen hat dazu bereits zahlreiche Vorleistungen erbracht, ohne dafür Gegenleistungen zu erhalten. Jetzt ist es an der Sowjetunion, Zeichen der Entspannungsbereitschaft zu setzen. Dazu muß vor allem die Beseitigung der Spannungen im Ostblock gehören. Das kann nur durch das Gewähren eines größeren Maßes an Freiheit — zumindest in dem in Jugoslawien gegebenen Umfang — und durch eine merkliche Besserung der Lebensverhältnisse geschehen. Mit dem ›Panzerkommunismus‹ kann nicht mehr regiert werden und auch der ›Eiserne Vorhang‹ wird verschwinden müssen. *Der Sozialismus russischer Prägung wird für die betreffenden Völker dann als notwendiger Umweg zu einer eigenständigen, demokratischen Staatsform in die Geschichte eingehen.*

Wir dürfen annehmen, daß die Menschen in Ost-Mitteleuropa diese Entwicklung, trotz der streng zensurierten Massenmedien, nicht wesentlich anders beurteilen.

Demnach befindet sich auch der ›Soldat im Ostblock‹ — und damit kehren wir an den Ausgang unserer Betrachtungen zurück — in einem schweren Zwiespalt. Äußerlich zwingt ihn die brutale sowjetische Disziplin in Reih und Glied, politisch hat er längst den Boden unter den Füßen verloren. In der Masse weiß er, daß er gegen seine ureigensten Interessen kämpfen muß, sollte die Kremlführung ihm einmal den Marschbefehl erteilen.

Wie weit wird er mitgehen?

Nichts aber wäre verfehlter, als die Völker im Osten Europas und ihre Soldaten mit dem dort herrschenden kommunistischen System gleichzusetzen.

Studiengruppe Südost